D1313179

NOUS AURIONS UN PETIT GENRE

Du même auteur :

Les sporadiques aventures de Guillaume Untel, nouvelles, Asticou, 1982.

Chez le même éditeur :

Ni le lieu ni l'heure, nouvelles, 1987.
Principe d'extorsion, nouvelles, 1991.
Je reviens avec la nuit, nouvelles, 1992.
Québec : des écrivains dans la ville, essai, L'instant même/Musée du
    Québec, 1995.
Dix ans de nouvelles : une anthologie québécoise, 1996.

GILLES PELLERIN

Nous aurions un petit genre

Publier des nouvelles

essai

L'inſtant même

Maquette de la couverture : Anne-Marie Guérineau

Illustration de la couverture : Natalie Font, *Table rouge*, 1989 (178 cm × 110 cm)
Techniques mixtes sur toile et bois

Photocomposition : CompoMagny enr.

Distribution pour le Québec :
Diffusion Dimedia
539, boulevard Lebeau
Saint-Laurent (Québec) H4N 1S2

© Les éditions de L'instant même
865, avenue Moncton
Québec (Québec) G1S 2Y4

Dépôt légal — 1ᵉʳ trimestre 1997

Données de catalogage avant publication (Canada) :

Pellerin, Gilles, 1954-

    Nous aurions un petit genre : publier des nouvelles

    ISBN 2-921197-79-0

    1. Nouvelles canadiennes-françaises — Québec (Province) — Histoire et critique.
2. Roman canadien-français — 20ᵉ siècle — Histoire et critique. 3. Nouvelle.
4. Création littéraire. I. Titre.

PS8199.5.Q8P43 1997   C843'.0109054   C97-941300-9
PS9199.5.Q8P43 1997
PQ3917.Q8P43 1997

L'instant même reçoit pour son programme de publication l'aide du Programme de
subventions globales du Conseil des Arts du Canada et celle du Programme d'aide
aux entreprises du livre et de l'édition spécialisée de la Société de développement
des entreprises culturelles du Québec.

UNE OPINION

On demande aux éditeurs d'avoir des souvenirs ; une opinion, plus rarement.

Je ne pourrais souscrire au premier programme : L'instant même a dix ans et il me semble parfois avoir le même âge. Pour le reste, je confesse derechef ma présomption, ma suffisance : l'un des éditeurs de L'instant même croit avoir une opinion sur la nouvelle (et quelques sujets accessoires), veut la livrer parce qu'il a souvent été irrité par ce qu'on écrivait (« Il n'y en a plus que pour la nouvelle », « La nouvelle connaît un essor sans précédent ») qui ramenait l'objet de sa passion à un effet de mode. Après les années de pétarade, voici venues les années de poussière. À la faveur des colloques, des pistes se dégagent, mais on ne sait toujours pas précisément ce que le mot *nouvelle* recouvre, chacun en ayant un entendement propre. Je joins ma voix à celles-là, mais partiale, éminemment partiale.

Dix ans de nouvelles : je brûle mes vaisseaux, j'accepte de rendre un livre qui posera plus de questions qu'il n'apportera de réponses. Je n'appartiens pas à la gent critique, je ne suis pas chercheur : éditeur, mon travail consiste à être *avec* le livre, et *pendant*. On cherchera ici en vain des définitions : les nouvellistes que je fréquente, et qui balisent par leur écriture ce qui finira par dessiner un champ clairement identifié, ont le sentiment d'agir sur la forme, comme si le dictionnaire à venir attendait leur contribution avant de statuer sur le sens précis à donner au mot *nouvelle*. De surcroît, je les soupçonne de craindre l'orthodoxie par-dessus tout. Si j'avance quelquefois que je ne sais rien, ce n'est pas par fausse modestie, coquetterie ou ruse : je ne tromperais personne ; je professe seulement le doute comme l'une des voies de la connaissance.

Mes souvenirs confondent tout, édition, littérature, circonstances de la vie ordinaire et extraordinaire. Je cause de livres en mangeant ; je mange en lisant. Je ne distingue pas bien le rêve de la réalité, la réalité de la fiction, un ami d'un personnage connu dans un livre. Quand on cherche à expliquer l'œuvre d'un écrivain par sa vie, j'ai le goût, sans chercher à faire le drôle, de postuler l'inverse ou plutôt d'imaginer que la vie d'un écrivain ne constitue qu'un volet de son œuvre, et pas forcément le plus réussi — plein de scories.

On me pardonnera, j'espère, de parler de la nouvelle sur tous les tons et dans tout ce qu'elle me semble toucher — moi inclus, et la passion de tant d'autres — ou qui paraît l'affecter. Il y a une histoire de la nouvelle, un panthéon où je mets rarement les pieds, non par mépris de l'histoire[1], de Boccace ou de Mérimée, mais pour la raison que d'autres se chargent de ces nécessaires dévotions pendant que les éditeurs cherchent à construire le présent et l'avenir. Or le présent de la nouvelle se joue autant avec les règles du marché, l'imprimatur de la

---

1. Considérons *ex abrupto* l'édition comme une action condamnée à l'insuccès commercial neuf fois sur dix (générant donc pertes et déceptions). Comment persister à publier des recueils de nouvelles si ce n'est dans la perspective qu'ils trouveront, avec leurs auteurs, place dans l'histoire littéraire ?

presse et de l'école qu'avec celles de la structure en entonnoir et de la chute finale dont on a prétendu faire les éléments clefs qui distinguent le genre entre tous.

L'air de ne pas y toucher, je ne suis pas que juge et partie ; j'ai un état civil, professeur le jour, éditeur le soir, nouvelliste au passé composé — ce qu'il faut savoir parce que tout cela relève de la contiguïté sans laquelle je ne saurais me lancer dans ce livre dont j'escompte qu'il sera utile à ceux que le genre intéresse. Je suis suffisant, mais ça ne me suffit pas. Près du tiers de la population ne travaille pas, et moi trop. Je cours au four et au moulin, je veux que maintenant advienne. Et je rêve. D'être un bon prof qui parle correctement, et mieux que cela, de littérature. D'être un *vrai* éditeur, avec réservations dans un hôtel de Francfort et des droits à vendre que l'on s'arracherait. Maurice Henrie en kartouli, Claude Mathieu dans la langue de Borges, Jean Pierre Girard dans le 6e arrondissement, Anne Legault en feuilleton radio, Sylvie Massicotte en long métrage ! Et je rêve d'écrire enfin un nouveau recueil.

Si j'avais dessein de me faire seppuku, je crois bien que j'entreprendrais la rédaction de *Nous aurions un petit genre*, ce livre qui maquille les hypothèses en affirmations, énonce des vérités de deux sous pendant qu'il en est encore temps, attirant sur moi la réprobation des connaisseurs, y compris de celui que je serai peut-être devenu dans dix ans — il est toujours permis d'espérer... Je brûle mes vaisseaux, mais pas tout à fait.

Les récifs ne manquent pas : pourquoi la nouvelle ? pourquoi la nouvelle après toute chose ? pourquoi si peu de lecture ? pourquoi faire si court ?

Nouvelles et récifs, même piquant. Je m'y frotte.

UN GENRE CRUEL

> Récit bref. Bref surtout ! Claquant comme vif. Qu'il
> fasse dix lignes, cinq pages, qu'importe. Couper
> court, on dit. Une façon d'être, façon de crever. Car
> on crève ici. Suffit d'ouvrir la vitre : crises, guerres,
> faims, vies tronquées dans la mutilation générale.
>
> Anne DELMER[1]

Donc, nous aurions un petit genre[2].

Remarquez que l'usage du conditionnel est superflu. Pour quiconque lit la presse littéraire de langue française, pour qui est témoin du spectacle hors duquel il ne semble plus permis, voire possible, à la littérature d'exister, la chose ne fait pas de doute : adeptes d'un genre mineur, les nouvellistes manquent de souffle, d'envergure, d'inspiration ou de toute autre qualité analogue revenant à signifier qu'ils sont à court de cent cinquante pages, quoi qu'ils entreprennent. Qu'ils commettent le délit quinze, vingt ou trente fois dans un même livre n'arrange

---

1. *131 nouvellistes contemporains par eux-mêmes*, ouvrage coordonné par Claude Pujade-Renaud et Daniel Zimmermann, Levallois-Perret, Manya/ Festival de la nouvelle de Saint-Quentin, 1993, p. 120.
2. L'auteur commence abruptement en laissant entendre le bien-fondé du titre de son ouvrage.

en rien leur cas : on a aimé les douze premières nouvelles qu'on aborde néanmoins la treizième avec doute et suspicion. Ça ne tiendra pas, ça va décrocher comme des plâtras à l'heure du Scud. Question de genre.

Que voulez-vous, nous avons un petit genre.

Mine de rien, il est dit *nous* dans l'énoncé, ce qui est bien une des positions les plus instables et compromettantes qu'on puisse adopter. Or je dis *nous* avec le plus grand sérieux, comme s'il m'était vraiment accordé de parler au nom des nouvellistes et par le fait même de les incriminer ; je dis *nous* avec une émotion de fin du jour quand on se retrouve plusieurs à s'éponger le front devant ce qui s'édifie, et qu'on se promet de remettre ça le lendemain matin ; je dis *nous* parce que je suis éditeur et écrivain et professeur et que je me souviens d'avoir été lecteur en des temps anciens. Un aveu : je suis du côté des asthmatiques, des emphysémateux, des avortons et des nains. Sans le moindre mérite : on ne sait pas toujours qu'on est petit. Du moins je ne le savais pas quand j'ai commencé à l'être, à me passionner pour le genre que je découvrais, adolescent, par la grâce de Maupassant, et à constituer en rêve la bibliothèque idéale de la nouvelle pour quand j'aurais des sous. Je faisais alors collection de catalogues, faute d'avoir les moyens des recueils dont ils m'apprenaient l'existence. Je cochais ceci et cela — ça valait tout de même mieux que de voter. Les sous sont venus, viennent et partent, et s'ils ont la bougeotte, c'est que je paie maintenant mes recueils 5 000 $ pièce, le prix qu'il faut pour que paraisse un livre et qu'il aille rejoindre tous ceux qui pensent petit. Le principe, en somme, relève du *do it yourself* américain : faites vous-même votre bibliothèque de la nouvelle.

Que voulez-vous, on ne change pas de rêve comme de chemise...

12

Un genre cruel

* * *

La question du genre me paraît l'une des plus délicates qui soient en littérature ; et parler de la nouvelle, une entreprise épistémologiquement hasardeuse. J'aimerais pouvoir le faire sans me sentir l'obligation de regarder par-dessus mon épaule pour vérifier que mon propos ne déborde pas sur le roman ou sur le conte. Je crois y arriver assez bien quand je suis seul avec une œuvre, une nouvelle, une simple phrase qui me convainc qu'elle porte tout le genre en elle ; devant témoins, j'ai des timidités de jeune homme, je me sens dans la peau de l'étudiant qui n'avance quelque chose qu'après avoir tout lu, tout digéré. Je ne suis pas étudiant, je l'ai été dans d'autres domaines, je n'ai pas amassé de fiches qui me permettraient d'envisager le grand œuvre, tout au plus des notes, des humeurs étalées sur quinze ans. Et par-dessus tout, c'est de l'intérieur que je voudrais parler de ce que j'aime, comme ce doit être permis à ceux qui aiment. Mais je n'en suis pas sûr.

Je sais bien que rien ne s'oppose à ce que la nouvelle soit là toute nue, à ce qu'on la traite intrinsèquement ; en même temps tout s'y oppose : la notion de genre, imprécise ; une propension à la comparaison avec des genres si proches qu'on ne sait plus quoi est quoi ; une manière assez pusillanime de se définir par les autres, parce que chacun sans cesse nous amène sur le terrain du roman. Les nouvellistes ne seraient après tout que des écrivains en transit, en attente du grand genre.

Le genre, le genre, j'abuse du terme comme il est de mise quand on cerne mal ce dont on parle. Voilà une notion par laquelle tantôt on distingue le discours narratif parmi les usages de la langue et de la littérature, et de laquelle tantôt on tire l'utile segmentation des pratiques narratives. Tout cela irait rondement si on ne parlait pas couramment du *genre fantastique* : bien qu'il soit possible de trouver un champ de conjonction des genres dans le roman par nouvelles du type de ce que pratique Jean-Noël Blanc, par exemple, ou de ce qu'a construit Ray Bradbury dans ses *Chroniques martiennes* et dans *L'homme illustré*, on sent qu'on reste dans la famille, alors qu'on change carrément d'axe en insérant le fantastique dans la nomenclature. Celui-ci fonctionne plutôt comme une addition au roman et à la nouvelle, l'addition d'un caractère non essentiel, le roman et la nouvelle occupant tout le continuum qui va du réalisme le plus scrupuleux au fantastique le plus outré.

Mais la nouvelle. Avouons que nous n'en savons trop rien. Ce qui autorise à dire n'importe quoi pourvu que de temps en temps ça cogne ; à lancer des hypothèses ; à en disputer dans des colloques ; à déplorer que la presse, l'école tiennent pour mineur un tel objet de passion. Et à vouloir la sortir du ghetto qu'un livre comme celui-ci contribuera pourtant, je l'espère, à mieux délimiter...

Je suis taquin. Ou méchant. Ça tombe bien : la nouvelle aussi.

Je lui trouve de bien mauvaises manières. Regardez-la qui ne se présente pas, l'impolie, ne permet pas aux lecteurs de faire connaissance avec les personnages, ne dit pas « Il était une fois », ne dresse pas la table, lieux, époque, circonstances, ne donne pas l'hier et l'avant-hier, ce contre quoi je n'en ai pas, mais qui ici ne donne rien. Une machine narrative qui jouerait de l'absence, du vide, de l'omission calculée. Dès la première ligne.

Je suis partial, je l'ai déjà dit et n'ai pas fini d'en faire la preuve, je voudrais que cette manière d'être soit conforme à la réalité du genre et, surtout, que les manuscrits qui m'échoient corroborent cette conception de l'incipit. Et je ne le voudrais pas : le petit genre a d'étonnantes largeurs d'horizon, des largesses dont l'éditeur et lecteur serait fou de se priver. La nouvelle est encore un terrain vague que la jachère et les odeurs de bagarre rendent alléchant. Il suffit de mettre l'accent sur une manière d'entrer dans le texte, de forcer la porte comme si la principale ellipse touchait ce qui précède la première phrase, de faire connaître une prédilection pour le texte *attaqué* avec vivacité, et l'on rétorquera que l'enjeu est ailleurs, dans l'atmosphère tacite, dans un fatum qui ne se laisse pas attendrir et ne déviera jamais de sa course vers la chute finale. Quand j'attire l'attention sur la façon cavalière des nouvellistes d'entrer dans le texte, je ne parle que d'une tendance dans la nouvelle contemporaine, je ne fais jamais état que d'une préférence de lecteur — que l'éditeur croit avoir appris à juguler, par crainte de devenir stalinien et de demander aux autres de créer les recueils que son travail l'empêche désormais d'écrire.

Aussi, pour revenir à la question du genre, faut-il regarder ailleurs que dans ma paroisse. Du côté de la chute finale, par exemple. Bien qu'elle ait été un temps considérée comme caractéristique déterminante, j'ai peur qu'elle ne réponde pas davantage d'une partie importante de la production actuelle. Quand on continue de la pratiquer, elle me semble liée à la brièveté, essentielle, en ceci que, pour reprendre une image de Jules Janin, tout, dans cette « course au clocher », est soumis à l'énergie vectorielle qui pousse l'intrigue vers sa fin, le mot devant être ici entendu dans sa double acception de *terme* et de *finalité*.

Brièveté. Dans la difficulté de définir[3] le genre suivant des paramètres précis, il se trouve tout de même une belle unanimité

---

3. « Nous, écrivains, sommes frappés de folie quand nous entrons dans la chambre des définitions », s'écriait Pabé Mongo, au colloque de l'Année

à reconnaître que hors de la brièveté[4] il n'est point de nouvelle. Évidence qui ne règle pas le problème de la superposition suivant laquelle on qualifie les textes narratifs courts de Maupassant de contes et de nouvelles — les mêmes textes ; du moins vient-on de larguer le roman, jusqu'à ce que des plaisantins introduisent une nouvelle étiquette, la novella, pour désigner des textes intermédiaires.

Identifier un genre à l'aide d'un pied-de-roi ne me semble pas offrir les meilleures garanties épistémologiques. Le rapport proportionnel entre une nouvelle d'un paragraphe et celle qui fait vingt pages peut-il être comparé à celui qui distingue un roman de cent pages d'un autre qui en fait huit cents ? De surcroît, où trace-t-on la frontière ? Comment rendre compte du fait que les romanciers québécois contemporains pratiquent les surfaces réduites dans le roman[5] et que les Russes tiennent pour une nouvelle *Au bord de l'Irtych* de Sergueï Zalyguine ?

Bref, voilà au moins un paramètre relativement clair et duquel chacun s'empressera de faire découler presque tout le reste : petite distribution[6], décors à peine esquissés, temporalité floue — je parle de la nouvelle contemporaine. Mais ne nous voilà guère outillés. Il y a là des pistes fécondes, j'aurais tort de ne pas le reconnaître : je rêve d'une étude des procédés

---

nouvelle, en avril 1994. Il ne faudrait pas croire que j'en nie l'utilité. Combien de fois, en présence d'étudiants, m'auraient-elles été utiles.

4. Pour Diane-Monique Daviau, la notion de brièveté est « adverbiale ». Une nouvelle, ce n'est pas une histoire brève, c'est une histoire *brièvement* racontée.

5. Je n'oublie pas que l'étalon est autre pour nos romans les plus lus, que la brique fait sérieux quand il convient surtout de ne pas l'être, que le succès en librairie a souvent un poids.

6. Dans le sens cinématographique.

descriptifs — ou de leur absence ; d'une poétique du personnage : vu la minceur des effectifs, *est-il plusieurs ?* la représentation que l'on s'en fait passe-t-elle par le portrait ? est-il
possible de le révéler à l'état passif ou virtuel ? n'est-il pas
préférable de n'en rien dire et de laisser l'action le dévoiler ?

Il se trouve qu'en dehors du cercle des fanas, la brièveté
est vue moins comme l'élément générateur d'une poétique
particulière que comme une simple atrophie, une erreur stratégique — à plus forte raison quand « le sujet méritait plus et
plus long ». Les nouvellistes sont d'affreux gâte-sauce, surtout
quand ils ont du talent. « Allons, pense-petit, la sauce, il faut
savoir l'étirer ! »

En soi, ne pas faire dans le déploiement n'a rien d'incrimi-
nant en art : on accepte de Manet qu'il ait peint un portrait de
Mallarmé, et on a plutôt tendance à reprocher à Meissonnier
les cohortes napoléoniennes où il ne nous fait grâce d'aucun
détail ; il reste que la brièveté peut être mal vue et qu'elle n'est
pas répréhensible qu'en littérature : on n'a pas pardonné à
Schubert de ne pas manifester dans la symphonie le génie si
perceptible qu'il affiche dans les lieder et les sonates[7], ce qui
le relègue assez loin dans le panthéon de la musique.

Car il faut voir grand. Or que font nos asthmatiques de
l'adverbe ? Ils s'ingénient à couper ici, à sabrer là, certains
d'entre eux soumettent la phrase à l'ellipse, abolissent les
parties dialogiques, vont jusqu'à tronquer la mise en situation
dramatique et clament qu'ils aspirent à un texte dont les lecteurs sentiraient qu'il est déjà en marche quand on en prend
connaissance. Quelque chose qui démarrerait sur la troisième

---

7. Le reproche à propos de la symphonie, le grand genre, est d'autant plus
cruel que celle-ci était en somme, à l'époque de Schubert, une sonate pour
orchestre.

face de la feuille, sur la face cachée de la lune. Et ils en font un idéal, une esthétique, parlant même d'économie à une époque qui fait de la lecture un luxe, un loisir, un moyen de détente ou d'apprentissage.

Ils parlent d'exigence.

Ils jouent à l'artiste.

Et demandent en somme aux lecteurs d'être intelligents, diablement, et de souscrire à leur démarche d'artiste. Exigent de leurs personnages de comprendre ce qui est déjà en cours depuis la page moins une. Et de s'y soumettre. Réclament volontiers de la phrase, comme Bertrand Bergeron ou Sylvaine Tremblay, la hardiesse syntaxique, le télescopage, la syncope[8] qui sera la marque définitive de la brièveté (puisqu'elle touche le tissu narratif lui-même).

Cette entrée en matière de la nouvelle, ou plutôt son absence, verse dans l'impolitesse, ai-je suggéré. J'irai plus loin : l'exiguïté de la nouvelle, surtout quand on la souligne en attaquant le texte *forte*, imprime une violence radicale sur son protagoniste. On ne gaspille pas un sujet de roman en écrivant une nouvelle ; on écrit simplement autre chose, on souscrit à une poétique qui roule à tombeau ouvert sur les franges de la virtualité.

Est violent l'interrogatoire mené à grands coups de bottin téléphonique sur la tête du prévenu ; violente l'insertion d'allumettes sous les ongles d'orteils ; violente la charge au bâton

---

8. Cette syncope est décelable dans la manière de conduire la phrase (avec suppression de la ponctuation dans les regroupements nominaux, changement de point de vue narratif à l'intérieur d'unités syntagmatiques très serrées et effets de troncation syntaxique). Elle opère dans la phrase comme une synecdoque du recueil, étant donné que les nouvelles, basculant les unes sur les autres, provoquent à l'échelle de la syntaxe de celui-ci le même effet de syncope.

du hockeyeur. Mais combien pire est celle qui consiste à retirer aux personnages l'espace de la page — qu'ils traduisent en temps dans leur monde de papier. Agatha Christie commettait de si beaux crimes qu'on l'a faite lady ; le nouvelliste s'ingénie à ne pas donner d'espace de manœuvre aux êtres qu'il crée, à les lancer dans un texte parfois si bref qu'on peut l'embrasser tout entier du regard. Je l'entends qui les défie : « Débrouillez-vous ! » Votre Majesté, n'élevez pas de nouvellistes au rang de ladies ou de lords, ils sont trop irrévérencieux, trop cruels ! Voyez-les qui disposent de ces vies de personnages sans la moindre commisération. Quand un romancier paraît à la télé, il verse des larmes de croco, « Je m'étais attaché à mon personnage, il faisait partie de ma vie, je suis navré de m'en séparer », etc. Quand avez-vous entendu un nouvelliste en dire autant ? Et cette frénésie que ces gens-là mettent à tout recommencer après vingt, dix, deux pages, n'est-ce pas le signe le plus évident qu'ils sont irrécupérables ?

En dire le plus possible dans le moindre espace textuel : le principe est louable. Il n'en reste pas moins qu'il s'établit aux dépens du personnage, souvent privé de passeport, de carte sociale, d'état civil, ne bénéficiant pas du statut solaire du protagoniste de roman (autour duquel gravitent, en satellites, des personnages secondaires) et à qui il est permis d'aller prendre un pastis pendant que défile une description. Les nouvellistes rendent leurs créatures absentes à tout ce qui nous définit, nous autres, citoyens de la réalité.

Cette cruauté, je la fais mienne, en tant que lecteur, nouvelliste, éditeur. C'est au prix de ce massacre, de cette dépense symbolique que je trouve des situations qui disent l'essentiel.

LE GRAND FRÈRE

Soutenir, comme certains l'ont fait, que la nouvelle
est mineure par rapport au roman est aussi absurde
que d'affirmer que le bleu est plus beau que le
rouge.

Jean-Pierre BOUCHER[1]

En certaines circonstances, le roman est la dernière chose
dont un nouvelliste veuille entendre parler. Pour son malheur,
toute entrevue qui excède dix minutes comportera l'amicale
question « Nous préparez-vous un roman ? » ou un avatar sur
le mode de « Vous sentez-vous prêt pour le roman ? » Que
l'interviewé s'offusque, estimant la question déplacée, et on
subodorera quelque antagonisme entre les deux genres ou plutôt quelque accès de bile de Caïn à l'endroit d'Abel — qui
d'ailleurs n'en a cure.

Même si la revue *Stop* a plaisamment joué de cette opposition en incitant ses futurs abonnés à « tromper le roman avec la
nouvelle », je ne sache pas que le petit peuple nouvelliste en

---

1. Jean-Pierre Boucher, *Le recueil de nouvelles. Études sur un genre littéraire dit mineur,* [Montréal], Fides, 1992, p. 9.

ait contre le roman, mais plutôt contre le fait que ce glissement, qui mène toujours vers l'autre, le discrédite. Car on ne demande pas de poèmes à un dramaturge ; d'un romancier on ne sollicite que des romans ; le poète, cet enfant pauvre des Lettres, ne dispose que d'une petite surface pour écrire, mais du moins lui appartient-elle, comme s'il y avait une évidence du poème, du vers.

Supposons que je sois critique d'art pour un journal. J'ai à commenter une exposition de photographies. J'écris que, hélas, ce n'est pas un film. Ou que c'est une manière de film immobile. On me congédie. Eh ! patate ! les sels d'argent t'ont abîmé la cervelle !

Je suis critique littéraire pour un journal. Je rends compte d'un recueil de nouvelles. Je dis que ce n'est pas un roman. Ou que c'est une manière de roman minuscule. On me vire ? Non. On me laisse sévir.

Si l'autonomie du poème, de l'œuvre dramatique et du roman ne suscite aucun doute, il semble que le recueil de nouvelles doive encore réclamer la sienne. D'où un certain scepticisme, dans la presse, à propos de ce qui ne serait qu'amuse-gueule, zakouskis, en-cas et autres formes de préalables qui laissent chacun sur son appétit, tout agréables qu'ils soient. On dit des nouvellistes qu'ils se font la main pour le roman. Autant dire des sprinters qu'ils se font le mollet pour le marathon. Je suis pareillement heureux d'avoir étudié au conservatoire de musique avant d'écrire ce livre.

Pourquoi se préoccuper de la presse ? me dira-t-on. Les considérations de l'art ne suffisent-elles pas ? Ne devrait-on pas tourner le dos à la tribune du jugement immédiat quand on construit le grand œuvre ? Assurément : *Ars longa, radio brevis...* jusqu'au jour où, en ondes, il est question de vous, où on évalue publiquement votre travail sur la base de ce qu'il n'est pas. La situation ne manque pas de piquant : on reproche d'autant plus volontiers aux nouvellistes de s'être trompé de genre qu'on a apprécié leur travail... Quelle misère, en effet, que le spectacle du talent gaspillé...

Il arrive parfois que le samedi après-midi d'un éditeur consiste à réconforter un auteur éreinté par le journal du matin. Le réflexe premier, pour qui est juge et partie, est teinté de colère. Pour je ne sais quelle raison, j'achète systématiquement de mauvais ouvre-boîtes. J'en change donc constamment, ayant accumulé ce qui pourrait me faire passer pour collectionneur. Or jamais je n'ai lu un article qui incrimine les fabricants d'ouvre-boîtes. Je n'ai qu'à me soumettre à la loi de la médiocrité et à acheter de nouveau. Le livre se trouve dans une tout autre situation : un écrivain y a consacré trois ans de sa vie — tenons-nous-en à une donnée mesurable. Il apprend, et quarante mille personnes avec lui, que son travail ne « vaut guère plus que le papier sur lequel il est imprimé » ou qu'on lui impute la responsabilité de la déforestation. Il s'écroule, veut abandonner la carrière des lettres. Il a le sentiment que prévenus et repris de justice ont droit à plus d'égards que lui, que l'*habeas corpus* dans son cas ne s'applique pas.

S'il est vrai qu'il y a des camaraderies criantes et qu'elles ménagent des exclusions qui ont en définitive peu à voir avec l'œuvre et l'art de la critique, elles ne sauraient constituer un rempart derrière lequel éditeurs et écrivains se retrancheraient. Marie Taillon[2] et moi estimons que les grands papiers publiés sur nos auteurs ont pu afficher des réserves, mais ils nous ont chaque fois paru souligner les grands axes de la démarche de

---

2. Voyez le subterfuge : parfois l'auteur dit *nous*, quelquefois *je*, ce qui importe peu quand l'on sait qu'en fait ce n'est pas lui, mais elle qui accomplit l'essentiel du travail éditorial.

l'auteur et proposer des pistes pour mieux assurer le cap ou le corriger.

Mais ces samedis-là ? Après avoir fait la critique de la critique pour en extraire ce qui sera utile une fois la colère apaisée, nous sommes réduits à postuler que les commentateurs aussi ont droit à des jours creux, que l'immédiateté obligée de leur art le rend éminemment faillible. Quoique blessant. Et que la critique comporte aussi sa large part de risque[3].

Aux yeux de l'éditeur, peu importe que cette tribune populaire n'atteigne pas à la hauteur et à la justesse de vue que la critique patentée estime essentielles. Comme les gens de ma confrérie, je crois illusoire, sinon pervers, de ne pas tenir compte du rôle de la presse dans la constitution d'une œuvre. L'éditeur va d'ailleurs jusqu'à la courtiser, au moyen du prière d'insérer, par l'embauche d'une attachée de presse. Plus loin dans ces pages, il réclamera même de sa part qu'elle joue autrement son rôle de relais auprès du public[4]. C'est que la presse a le pouvoir de statuer sur la valeur d'un texte par son approbation, son désaveu ou son silence ; elle renvoie à l'auteur un jugement public au moment où l'œuvre vient tout juste d'*échapper* à celui-ci ; elle peut l'insérer à un endroit précis du corps social (un tel est écrivain, un autre est un grand écrivain,

---

3. « Il a fallu assumer le risque de voir des films dont on ne sait encore rien », était-il écrit dans une rubrique de cinéma touchant le Festival des Films du Monde (*Le Devoir*, 9 septembre 1995). Dieu merci, on n'attend pas encore, dans notre domaine, que les attachées de presse rédigent les chroniques ou qu'elles fournissent l'évaluation définitive du livre avec l'exemplaire de presse.
4. Qui a droit à l'information culturelle. Il m'arrive de souhaiter à ceux qui justifient si aisément la quasi-absence de ce type d'information dans leurs médias de faire face à cette situation impensable : passer sous silence l'information sportive, et devoir s'en disculper.

un autre n'est rien). L'éditeur rage d'entendre « ses » nouvellistes soumis au « Quand passerez-vous donc aux choses sérieuses ? » et au « Quand ferez-vous vrai ? »

Faux et usage de faux. Ça peut aller chercher loin. On connaît des cas de réclusion perpétuelle : l'aventure personnelle de Marcel Béalu — hélas trop peu personnelle, puisqu'elle s'applique à Noël Devaulx — est exemplaire sur ce point. Une œuvre peut traverser le siècle sans qu'on s'en rende compte. Et la presse n'est pas seule en cause.

*   *   *

Imaginons de nouveau que je suis critique littéraire. N'entendez-vous pas Gilles Pellerin avancer dans son essai que je dessers la nouvelle en la ramenant au roman, au faux roman ?

Je ne sers pas le roman pour autant (au nom de la justice immanente ou de quelque mécanique compensatoire en forme de vases communicants), car ma façon usuelle d'aborder le roman est d'en tirer un résumé. Parfois je me donne des airs coquins : « Je ne vous dévoilerai pas la fin, question de ménager votre plaisir... », comme si les enjeux littéraires tenaient obligatoirement à l'intrigue. Appliqué au recueil, ce *modus operandi* se bute au nombre de textes. Dans le meilleur des cas, je résumerai une nouvelle en validant ma sélection par le principe de la synecdoque : la partie est conforme au tout ; dans le pire des cas, j'alignerai les résumés à la queue leu leu.

On comprendra que rapidement je me cantonne dans le roman[5].

---

5. J'invite à considérer les *dommages* que le résumé cause dans la critique d'une autre forme narrative, le cinéma de fiction, à mesurer à quel point il escamote la nature du discours cinématographique.

* * *

La forme de synecdoque dont je parle permet d'aborder la spécificité du livre de nouvelles, pour peu que le procédé ne se limite pas au résumé. Elle a le mérite en effet de se situer dans l'axe de l'organisation du recueil, de placer la critique dans une dynamique analogue à celle qui aura présidé à la réunion des nouvelles — sans que cette homologie aboutisse à coup sûr à la coïncidence de l'interprétation et de l'intention[6].

Nous parlons ici d'une véritable syntaxe du recueil. La langue du recueil est complexe : il ne suffit pas de s'y entendre avec les parties — de même que la connaissance de milliers de termes d'une langue étrangère ne permet pas *ipso facto* de la parler. De surcroît, nous avons affaire à des textes autonomes et troués — en ceci qu'ils sont volontiers construits sur l'alternance de l'explicite et de l'implicite, comme j'en ferai état à propos du protagoniste. Le recueil réunit donc des pièces complètes quoique elliptiques, écrites parfois à des années d'intervalle, et prétend constituer une forme de cosmos, de tout syncopé.

Les éléments sur lesquels se fonde cette syntaxe ne sont pas forcément d'ordre thématique, seul aspect dont arrive habituellement à rendre compte le résumé, non plus que la séquence retenue ne sera nécessairement linéaire. La circulation d'un texte à l'autre peut être confiée aux personnages : un tableau familial mettant à contribution la vision particulière de chacun de ses membres ; un personnage unique présenté dans différentes circonstances de sa vie ; une série de personnages

---

6. J'ai un jour entendu démontrer de façon convaincante que la structure de *La machine à broyer les petites filles* de Tonino Benacquista était une illustration de quelque théorie cosmogonique. Le nouvel Hésiode ignorait tout de la chose et s'en est montré fort amusé !

anonymes ou hétéronymes engagés dans une même action, avec chacun sa résolution personnelle de cette action ; une série de personnages différents mais homonymes ; etc. On peut par ailleurs emprunter à la musique la forme de la suite, des variations ou même de la sonate[7] (comme l'a fait Gaétan Brulotte avec *Ce qui nous tient*[8] ou comme j'y ai eu recours avec *Les sporadiques aventures de Guillaume Untel*[9]). Des titres comme *Dessins à la plume*[10] et *Dernier accrochage*[11], de Diane-Monique Daviau, indiquent que la littérature sait parfois se montrer attentive aux arts de la figuration. Et je ne dis rien des catégories du temps (je pense particulièrement à *Chronique des veilleurs*[12] de Roland Bourneuf) ou de l'espace (*Nouvelles montréalaises*[13] d'Andrée Maillet, *Espaces à occuper*[14] de Jean Pierre Girard, *Les aurores montréales*[15] de Monique Proulx)

---

7. La relecture des tables des matières des recueils des années quatre-vingt révèle une attirance très forte pour la structure ternaire.

8. Gaétan Brulotte, *Ce qui nous tient,* Montréal, Leméac, 1988.

9. Gilles Pellerin, *Les sporadiques aventures de Guillaume Untel,* Hull, Asticou, 1982. On pourrait pousser la coquetterie jusqu'à parler de duos ou de piano à quatre mains dans le cas des recueils *La louve-garou* d'Anne Dandurand et Claire Dé (Montréal, Remue-ménage, 1982) et *L'autre, l'une* de Diane-Monique Daviau et Suzanne Robert (Montréal, Roseau, 1987). Michel Dufour construit par ailleurs dans *N'arrêtez pas la musique !* (Québec, L'instant même, 1995) une forme de contrepoint entre des références musicales (Schubert, Schumann, Brel, Prokofiev, etc.) et la thématique, qui lui est familière, de la jeunesse.

10. Diane-Monique Daviau, *Dessins à la plume,* Montréal, Hurtubise HMH, 1979.

11. Diane-Monique Daviau, *Dernier accrochage,* Montréal, XYZ, 1990.

12. Roland Bourneuf, *Chronique des veilleurs,* Québec, L'instant même, 1994.

13. Andrée Maillet, *Nouvelles montréalaises,* Montréal, Librairie Beauchemin, 1966 (repris dans *Les Montréalais,* Montréal, l'Hexagone, coll. « Typo », 1987).

14. Jean Pierre Girard, *Espaces à occuper,* Québec, L'instant même, 1992.

15. Monique Proulx, *Les aurores montréales,* Montréal, Boréal, 1996.

comme moteur du recueil. L'unité d'un livre pourrait tenir au fait que, dans chaque nouvelle, l'on aurait caché aux personnages un élément essentiel à leur compréhension des enjeux de l'action dans laquelle on les a précipités (un invité qui ne vient pas ; un autre qui fonde son savoir sur une maxime qui n'est jamais rapportée autrement qu'en jargon ; un voyage dans une ville qui n'existe pas ; le désistement du narrateur choisissant de disparaître de l'histoire qu'il raconte ; etc.). Enfin, puisqu'il a été question de synecdoque, on pourrait aller chez le trope voisin et imaginer un recueil conçu métonymiquement, chaque nouvelle se situant dans la contiguïté de la précédente, dans son prolongement.

S'il est possible de relever l'existence de recueils linéaires[16], circulaires, spéculaires[17], sept ans d'enseignement au cégep et dix ans de discussions avec le public des salons du livre m'ont toutefois appris que le recueil impose généralement une image de fragmentation, non dénuée de sens, mais problématique pour une partie importante des lecteurs. On perçoit à la manière d'un changement de chapitre — encore sur l'*a priori* qu'on lit un roman — ce qui est rupture radicale ou passage d'une nouvelle à une autre. On s'étonne donc de ne pas trouver les mêmes personnages et le développement linéaire d'une action unique.

Au delà de ces considérations liées au recueil, admettons que le résumé ne présente pas grand intérêt dans le cas de la nouvelle. Le profit de l'exercice y est certainement moindre

---

16. Parfois, on définit même la nature du vecteur rectiligne. Ainsi les initiales des vingt-six titres des nouvelles d'*En toutes lettres* de Louise Maheux-Forcier (Montréal, Pierre Tisseyre, 1980) défilent dans l'ordre alphabétique.
17. La figure du chiasme étant mise à contribution dans un usage structurel.

que pour le roman[18], car le raccourci perd de sa nécessité quand la teneur spécifique du texte en cause est affaire d'exactitude et de densité.

Qu'on me permette un détour du côté du conte, par une anecdote que m'a relatée Marianne Auricoste, lectrice de nouvelles et animatrice de radio. Recevant un jour en studio Henri Gougaud[19], ce grand rapporteur de contes et de légendes du monde entier, elle lui demande de raconter un conte et une nouvelle. Si la chose va de soi dans le premier cas — le conteur *installe* un véritable spectacle de la parole, prend des libertés quant à la lettre —, Gougaud ne pouvait souscrire à la seconde requête : on ne dit la nouvelle que telle qu'elle se donne, dans son intégralité.

---

18. On peut trouver commode de disposer ainsi des grandes lignes de l'intrigue avant d'étudier, si on est critique, ou de ressentir spontanément, si on est lecteur, comment l'œuvre occupe le temps de lecture et l'espace du texte comme l'espace investi par les personnages. Je reste toutefois sceptique quant à l'utilité réelle du résumé, certes moins grande que ce que l'usage généralisé qui en est fait semble lui conférer — et pas que dans la presse. Et suis certain qu'on verse dans l'abus. Ouvre-t-on la radio qu'on y entend régulièrement des animateurs d'émissions soi-disant culturelles se livrer à des résumés d'articles de magazines. Cet exemple est sans doute inapproprié ici, car il s'écarte du monde du livre. Justement : la culture écarte le monde du livre — qui n'est plus *la* source de savoir, *la* porte d'accès à ce qui est familier autant qu'à ce qui est étranger, phénomène qui n'est pas sans inquiéter un éditeur, on le comprendra sans mal. Il m'arrive de croire que notre version du syncrétisme fin de siècle se contente de l'approximation : chacun prétend parler l'anglais en glissant sur le vocabulaire de surface ; il est de bon ton de saupoudrer un peu de yin et de yang dans sa culture d'origine. La nouvelle est brève, elle n'est pas pour autant approximation ou résumé.

19. Auteur de *L'arbre à soleils* (Paris, Seuil, 1979) et de *L'arbre aux trésors* (Paris, Seuil, 1987).

En recourant systématiquement et sans discernement au résumé pour aborder la nouvelle, on appliquerait à un genre un outil de recension inapproprié. Surtout, l'on méconnaîtrait ainsi ce qui suscite chez les lecteurs de nouvelles une forme de claustrophobie latente et l'on réduirait ce qui aspire essentiellement à l'irréductibilité.

Les auteurs de L'instant même pourraient sur ce point témoigner que notre intervention éditoriale se pratique ciseaux en main. Nous croyons en effet que dans une dynamique dramatique conduisant souvent à l'absence d'issue, à la clôture du texte sur le protagoniste, il est impérieux d'éliminer, voire de sacrifier ce qui fait obstacle à cette visée. Je me réclamerai à ce propos de Dezsö Kosztolányi, qui préfère la gomme à effacer au crayon : « Il n'y a pas d'art plus grand que l'art d'éliminer. À l'école, s'il ne dépendait que de moi, je l'enseignerais même avant celui de la rédaction[20]. »

* * *

De l'aveu même de mes étudiants, un court recueil de nouvelles les laisse plus épuisés qu'un long roman. C'est que le roman prend le temps de se définir dans son épaisseur alors que le rythme syncopé du recueil, qui nous trimballe d'une intrigue à une autre, sans nous laisser le temps de nous prendre pour Bovary, Rastignac, Chingachgook ou Florentine Lacasse, rend la lecture exigeante.

La difficulté augmente encore avec les formes d'instabilité onomastique évoquées plus haut et qui caractérisent, entre

---

20. Dezsö Kosztolányi, *Cinéma muet avec battements de cœur*, texte français de Maurice Regnaut en collaboration avec Péter Adám, Paris, Souffles, 1988, p. 70.

autres traits, la nouvelle québécoise récente — celle que je
connais le mieux. Quand Roland Bourneuf, Hugues Corriveau,
Louise Cotnoir ne dénomment ni narrateur ni protagoniste,
quand Jean-Paul Beaumier persiste à utiliser les mêmes prénoms, sans patronyme, ils éludent ou évident le nom *propre*,
un attribut essentiel du personnage de fiction aux yeux de la
plupart des lecteurs. Comment devenir d'Artagnan chez soi si
d'Artagnan n'était jamais désigné que par *il* ? Comment, pour
une certaine critique, parler d'un livre sans s'appuyer sur un
résumé ou sur la description des états d'âme des protagonistes ?

Les nouvellistes prétendent à l'existence *ipso facto* de personnages sans sacrifier au procédé du portrait. Peut-être voit-
on ici se réaliser le postulat sartrien suivant lequel la littérature
— je simplifie — trouve son accomplissement dans la tension
entre lecteur et auteur. Parlons d'une poétique de la dérobade à
propos de cette manière d'inviter les lecteurs à combler les
vides que laisse à dessein la nouvelle : lecteur, je découvre un
personnage, des lieux, une temporalité dans ce qui n'est pas
écrit, dans les zones de vide placées çà et là comme des
sollicitations.

De ce protagoniste, j'aurai une idée qui se sera pour l'essentiel construite entre les lignes, par réflexion de l'action,
dans l'omission calculée.

Il serait hasardeux d'étendre cette analyse aux catégories
du lieu et du temps ; de même je me défends de loger tous les
recueils à la même enseigne. La nouvelle contemporaine manifeste l'état d'esprit qui anime depuis longtemps le monde
des lettres : en ce moment même, rien ne me plairait davantage que de me prendre à contre-pied en écrivant une nouvelle
fondée sur l'immobilité onomastique et le trop-plein ontologique.

* * *

Voyez la situation : alors que je déteste comparer la nouvelle avec le roman, je m'y emploie dans deux chapitres de ce livre. Car ce n'est pas fini : veuillez suivre le guide.

DES VERTUS PÉDAGOGIQUES INSOUPÇONNÉES

Les textes courts exigent une lecture longue.

Jean-Noël BLANC[1]

Le doute à l'égard de la nouvelle persiste à l'école : il m'est arrivé de proposer à mes collègues professeurs de collège tel recueil de Calvino, de Buzzati ; la rapidité avec laquelle on m'a répondu « Mais ce sont des nouvelles ! » permet certes d'insérer un bel et probant exemple dans le cadre d'un livre à tendance paranoïde, mais elle me laisse la conviction, dans mes moments les plus sereins, que nous marchons en terrain difficile.

Pourquoi se préoccuper des profs ? me demandera-t-on. (Pour faire écho au chapitre précédent, pardi !) L'idée que les lecteurs se font de la littérature est en grande partie acquise à l'école. Je constate fréquemment que les étudiants ont une conception bien arrêtée de la nouvelle, sur la foi de leurs cours du niveau secondaire et de quelques exercices pratiques. Le

---

1. *131 nouvellistes contemporains par eux-mêmes*, ouvrage coordonné par Claude Pujade-Renaud et Claude Zimmermann, Levallois-Perret, Manya/ Festival de la nouvelle de Saint-Quentin, 1993, p. 49.

modèle de référence est une structure schématique simple qui chaque fois me fait verser une larme sur les mânes de Vladimir Propp et des formalistes russes : une situation initiale se dénoue dans son contraire en criant « Surprise ! »

Par ailleurs, on célèbre couramment les vertus pédagogiques de la nouvelle. Elle offre des garanties de construction solide, les personnages se livrent derechef, l'action ne tarde pas à se déployer. Quelle chance de pouvoir embrasser en un seul mouvement tout un texte, d'en faire le tour en une séance, de pouvoir aussi se transformer en géomètre, craie à la main, en esquissant devant les étudiants ces schémas et formules algébriques qui donnent un peu de lustre à une discipline qui ne fait pas le poids face au mythe moderne de la science. Ainsi vous dessinerez un schéma actantiel simple, vous illustrerez le déplacement du protagoniste dans des espaces finis, vous traduirez en vecteurs les analepses et autres entorses au développement chronologique linéaire et vous saisirez l'occasion de parler du phénomène de la composition, de l'organisation. De la *fiction*.

Si la nouvelle possède des vertus pédagogiques indéniables, le genre n'emporte pas pour autant l'adhésion du corps professoral. Une enquête de Max Roy révélait qu'entre 1968 (année de création des cégeps) et 1978, la nouvelle comptait pour 6,5 % des œuvres mises au programme des classes de littérature, contre 24,1 % pour le roman, 21,6 % pour le théâtre, 16,7 % pour la poésie, 15,1 % pour l'essai et 3,5 % pour le conte[2]. La réticence des professeurs à l'égard de la nouvelle

---

2. Tiré de l'ouvrage collectif de Joseph Melançon, Clément Moisan, Max Roy, Robert Dion, Frances Fortier, Linda Fortin, Nicole Fortin et François Dumont, *La littérature au cégep (1968-1978). Le statut de la littérature dans l'enseignement collégial*, Québec, Nuit blanche, 1993, p. 167. Il faut signaler que des 102 recueils étudiés dans les 16 cégeps de l'échantillonnage,

persiste, comme le montrent deux manuels récents à l'usage des cégépiens : dans *Littérature québécoise*[3], la section consacrée à la période 1976-1996 traite de l'écriture au féminin, du roman, de la littérature migrante, de l'essai, de la poésie, de la chanson (chapitre fort justement sous-titré « L'esprit du temps ») et du théâtre, mais pas de la nouvelle ; nulle place non plus pour la nouvelle contemporaine dans l'*Anthologie de la littérature québécoise*[4] de Michel Laurin.

Le marchand qui se cache dans l'éditeur (et qui ne se cache même plus, d'ailleurs) constate que la foi des profs se porte sur *une* nouvelle, et presque jamais sur le recueil, attitude qui se traduit par la diffusion de feuilles photocopiées au détriment des livres. Dans une perspective économique, vous n'achetez plus de Gallimard, mais de Xerox et vous y êtes même, avec la réforme de 1994, incité par l'État (le ministère exige la constitution d'anthologies de textes composites). Dans une perspective symbolique, nous ne mettons pas un *livre* entre les mains de nos étudiants, un livre portant en couverture le nom de son auteur, un livre qui trouvera au terme du trimestre une niche dans la bibliothèque de la maison. Le livre s'inscrit

---

59 l'étaient au cégep de la région de l'Amiante (Thetford Mines). Par ailleurs, un malheur ne venant jamais seul, une nouvelle enquête de Max Roy montrait en septembre 1996 que la part occupée par la littérature québécoise dans le répertoire d'œuvres étudiées avait chuté de 47 % à 21 % depuis la réforme de 1994.

3. *Littérature québécoise. Des origines à nos jours. Textes et méthode,* ouvrage réalisé sous la direction de Heinz Weinmann et Roger Chamberland, Montréal, Hurtubise HMH, 1996, 349 pages. Mon parti pris pour la littérature contemporaine m'égare : il est tout de même question du *Torrent,* de *La Scouine* (tenu parfois pour un livre centaure, mi-roman, mi-recueil) et du *Cassé.*

4. Michel Laurin, *Anthologie de la littérature québécoise,* avec la collaboration de Michel Forest, Montréal, CEC, 1996, 319 pages.

dans la culture matérielle, et voilà que depuis une vingtaine d'années nous l'en éjectons. Nous ne confions plus un auteur à des étudiants ; nous les invitons plutôt à adhérer à la culture du prenez-et-jetez. Que faire en effet d'un assemblage[5] mollasson de feuillets photocopiés à la typographie tremblotante ? Comment construire, chacun pour soi, le mythe d'un auteur sur la seule foi d'une référence bibliographique placée en fin de texte ?

Le jour où j'ai vu dans la vitrine d'une librairie l'intégrale Albin Michel des nouvelles de Maupassant, j'en ai eu les jambes coupées. Un nom, un titre, deux bouquins et *tout* était là. Chaque recueil reproduit pareillement ce miracle de transcender la fragmentation. Mais nous nous contentons d'administrer aux étudiants des nouvelles au compte-gouttes, en nous drapant dans la nécessité pédagogique et en faisant un peu de démagogie paupériste, les bouquins sont tellement chers... À qui demanderons-nous des livres quand Gallimard sera mort ? À Xerox ? Et Gustave Charpentier, Jean Paulhan, Maurice Nadeau, Antoine del Busso deviendront-ils réparateurs de

---

5. Les conditions actuelles de production rendent moins chère la copie que la création. Considérons le papier : les papetières (du premier pays producteur au monde) cesseront bientôt de produire les qualités de papier (bonne opacité, éclat du blanc) employées par les éditeurs, en raison de la faiblesse de la demande — avec ses petits tirages, un roman requiert bien peu de papier si on le compare à une circulaire de pharmacie. Maintenir la qualité de fabrication actuelle se répercutera sur le prix de vente. Pendant ce temps, le prix du papier de photocopie, secteur où la demande depuis longtemps est à la hausse, restera stable. Écrivains et éditeurs ne sont pas seuls à en faire les frais : comparez le prix d'une cassette vierge à celui d'un disque dûment enregistré et procurant redevances à ses auteurs. Retour à la phrase initiale avec intention manifeste de la marteler : nous vivons à une époque où la copie coûte moins cher que la création.

télécopieurs ? Et la joie tactile du livre ? Et le bonheur métonymique d'emmener un ami dans sa bibliothèque pour lui
mettre *un* Ocampo entre les mains ? J'éprouve du plaisir à
promener mes doigts sur une étagère où Olga Boutenko, Paul
Bowles, Ray Bradbury, Richard Brautigan et Bertolt Brecht
font bon voisinage. À cause de cette réunion alphabétique, le
monde me semble plus vaste, et c'est chez moi, dans l'exiguïté
d'une bibliothèque, que ce monde s'agrandit.

*   *   *

Avant d'être plébiscité et de devenir le genre narratif
dominant, le roman, comme aujourd'hui la nouvelle, passait
pour un genre mineur. On lui reprochait de n'avoir pas été
pratiqué par les Anciens, au mépris de sa capacité à embrasser
l'individuel autant que le social. Il devait bien présenter le
défaut, grave aux yeux de certains, de ne pas dépendre, à
l'époque de son émergence, de règles aussi strictes, contrai-
gnantes que celles que prônaient les grands genres. De fait,
quelle liberté de forme les romanciers se sont-ils appropriée
depuis Flaubert ! Est-il un genre mieux apte à incarner la
rupture éthique entre la société ancienne, fondée sur des valeurs
collectives, et celle qui émerge avec le *roman*tisme ? Un héros
se dresse contre l'univers, contre l'immobilisme de la société,
au nom de son désir.

À leur façon, les œuvres de Boccace, de Chaucer, de
Cervantes et, dans notre sphère linguistique, l'*Heptaméron* et
les *Cent nouvelles nouvelles* illustrent semblable glissement
des nobles *exempla* médiévaux aux *realia* (jusqu'à parvenir à
une relative neutralité dans l'observation des faits rapportés).
Le terme générique, emprunté à l'italien *novella* (« récit imaginaire »), qui finira par s'imposer, rend pareillement compte

de la volonté de changement[6] inscrite dans la forme[7]. Sans doute la nouvelle aurait-elle plus de chance de s'attirer la faveur du corps enseignant — surtout depuis que l'on a réformé l'enseignement collégial en assujettissant la littérature à la diachronie — si on en faisait l'histoire et si, pour notre compte, l'insertion dans une perspective diachronique incluait la nouvelle québécoise. La chance m'en a même déjà été offerte — mais on ne saisit jamais la chance quand elle n'est pas fille du hasard — lors de la parution d'un collectif argentino-québécois[8] présidé par Marie José Thériault. Je m'étais esquivé et ne suis pas loin de songer à récidiver. On verra...

Si quelqu'un songeait vraiment à écrire l'histoire de la nouvelle québécoise, peut-être aurait-il intérêt à commencer par la fin, à remonter le temps à compter des années quatre-vingt.

---

6. Le verbe *noveler* a été en usage au Moyen Âge, signifiant d'abord « changer », puis « raconter ».

7. On se demande depuis longtemps comment appeler l'auteur de nouvelles. *Novelliste ? novéliste ? nouvellier ? nouvelliste ?* Certains milieux préfèrent éviter *nouvelliste* parce qu'il a longtemps été synonyme de *journaliste*, comme en témoigne encore un quotidien trifluvien. On pourrait donc, comme à l'UQAM, préférer le vocable *nouvellier*, qu'un suffixe commun rapproche de *romancier*. Le terme était utilisé par Balzac mais est tombé en désuétude jusqu'à sa réactualisation récente, au Québec. Je continue de lui préférer *nouvelliste*, généralement en usage depuis Baudelaire : la synonymie redoutée ne m'effraie pas, je ne lui en veux pas de me rappeler qu'à l'origine, notamment dans les *Facéties* de Poggio Bracciolini, l'inscription de la nouvelle dans la quotidienneté associait le travail de l'écrivain à celui du journaliste. On aura assez compris qu'en certaines circonstances la proximité du roman est davantage de nature à m'inquiéter.

8. *Rencontres/Encuentros. Écrivains et artistes de l'Argentine et du Québec/ Escritores y artistas de Argentina y Quebec,* préface de Marie-Claire Blais, liminaires de Gilles Pellerin et Oscar Hermes Villordo, traduit de l'espagnol par Louis Jolicœur/*Traducido del francés por Cecilia Ponte.* Montréal, Sans Nom, 1989.

Des témoignages de cette époque de déverrouillage éditorial peuvent être recueillis en grand nombre, même si je crains que cet attrait soudain des journalistes et des critiques n'ait été entaché de scepticisme. Ainsi on a posé à Robert Lalonde, lors de la parution de son recueil *Où vont les sizerins flammés en été ?* (Montréal, Boréal, 1996), cent fois la question « Pourquoi des nouvelles ? » (Incidemment, il préférait le générique *histoires*[9].) Il payait ainsi son billet d'entrée dans la confrérie. Nous aimons discourir sur la nouvelle, mais nous envions parfois les... romanciers à qui l'on ne demande rien de tout cela, qui n'ont pas à parler au nom de ce qui nous dépasse, de ce qui nous englobe[10].

Dans l'ivresse de ce que chacun aimait considérer comme un âge d'or, on s'écriait qu'il est bien plus difficile de traiter un sujet en vingt pages que dans l'étendue spacieuse du roman, et en cinq pages plus qu'en vingt — et en douze lignes, donc ! Joie de la dilapidation de recommencer dix et dix fois dans le même livre ce que l'on tient pour si beau : écrire. Quel potlatch que ce « gaspillage » de sujets dans un seul livre !

*   *   *

Longtemps, nos prédécesseurs ont écrit dans les formes de l'oralité et l'ont mise en scène. Un personnage truculent

---

9. Yves Thériault appelait *histoires* ses textes narratifs brefs, nous rapporte Marie José Thériault. Entre l'*estoire* médiévale et la *nouvelle* existe d'ailleurs un rapport assez fascinant : de l'une à l'autre, le sujet glisse du fait ancien et long à relater au fait récent, enjoué, bref.

10. J'entends régulièrement des Québécois affirmer qu'ils sont fiers de parler le français. Je n'ai jamais entendu un Américain dire que *he is so proud to speak English.* Il n'a pas à le faire, parler l'anglais va de soi pour lui. Il n'a pas non plus à s'en excuser. Parler le français, écrire des nouvelles, cela ne pourrait-il aller de soi ?

paraissait au milieu d'une veillée, à la manière du Jos Violon de Fréchette, cric, crac, parli, parlo, parlons, sacatabi sac-à-tabac, il ouvrait les guillemets, « Creyez-moé, creyez-moé pas, m'as vous conter une histoire extrédinaire. » Le pacte (si on m'autorise à détourner à mon profit la notion avancée par Philippe Lejeune[11] pour expliquer comment un genre se pose dans l'esprit des lecteurs) était signé entre le conteur[12] et son public.

Les sujets d'alors appartiennent à l'univers paysan. On ne s'en étonnera pas, vu la composition de la société québécoise au tournant du siècle, non plus qu'on ne se surprendra de constater la survie de la thématique du terroir après que les habitants ont eu migré vers la ville. Une survie qui passe par la désaffection graduelle du texte narratif court au profit du roman, plus apte à établir l'appareil idéologique qui se manifeste dans les récits de la terre. Goethe associait la nouvelle à un « événement inouï », ce qui est bien peu susceptible de rendre compte de la continuité historique. La nature même des recueils offre au contraire des garanties de discontinuité qui contreviennent à ces visées idéologiques.

De cette vaste époque du terroir émerge évidemment le nom d'Yves Thériault (qui aurait écrit plus de mille textes narratifs courts dont nous ne connaissons presque rien). Ses *Contes pour un homme seul* ont à mes yeux une fonction

---

11. Qui, entre autres, conditionne la façon dont tel genre se pose dans l'esprit des lecteurs (voir Philippe Lejeune, *Le pacte autobiographique*, Paris, Seuil, 1975).

12. Je ne me risque pas à distinguer nouvelle, conte, historiette, récit, poème en prose ou novella, car chaque mot est porteur de tous les sens dont on l'a investi, en français, de Marguerite de Navarre à aujourd'hui ; porteur aussi de tous ceux qui dessinent, dans d'autres traditions, une ambiguïté sémantique affolante, *story, tale, cuento, povest, skazka, rasskaz*, etc.

tutélaire, quoique je doive confesser que ma perception est due en partie au fait qu'il s'agit du premier livre québécois que j'aie lu : je l'avais rapporté par hasard (le hasard est bien le fils de la chance) de la bibliothèque et avais éprouvé dès l'incipit un véritable choc.

De même peut-on évoquer le souvenir d'Adrienne Choquette et de Jacques Ferron. Dans le premier cas, grâces soient rendues à Simone Bussières : n'eût-elle créé le prix de la nouvelle, au début des années quatre-vingt, que le nom de Choquette serait aujourd'hui à peu près tombé dans l'oubli ; quant à Ferron, comme pour Thériault nous sommes en présence d'un auteur qui a acquis la notoriété autrement (cela ne les exclut pas de notre propos) et qui a pratiqué un genre souvent plus près du conte que de la nouvelle, comme en font foi les titres suivants : *Contes du pays incertain, Contes anglais, Historiettes*. Voudrait-on considérer Thériault et Ferron comme le père et le père de la nouvelle québécoise que cela ne nous avancerait guère : ils n'ont pas laissé de postérité[13] !

Quelques mots sur la fin et les débuts : on comprendra que je ne saurais, sur de telles bases, entreprendre moi-même l'histoire de la nouvelle québécoise... Je me contenterai, comme Jean-Pierre Boucher, de souhaiter que quelqu'un s'y consacre et y mette le sérieux que je ne saurais avoir, d'autant plus que,

---

13. Bien sûr, on me rétorquera que Marie José Thériault est la fille de son père. J'ai des réserves au point de croire que cet avis est réducteur : les deux Thériault ont peut-être en commun violence et sensualité ; la comparaison ne me semble plus valable quand on aborde leur écriture respective, sinon pour dire que l'une et l'autre se situent aux antipodes. Il y a chez Thériault père des traces de négligence, un emportement, de la spontanéité ; Marie José fait plutôt dans l'orfèvrerie, n'hésitant pas à pratiquer la surenchère, un luxe qui marque autant la ligne dramatique que la matière écrite.

si je nous reconnais une histoire littéraire, dont attestent manuels et dictionnaires, je continue à douter de sa pertinence dans le cas qui nous occupe, étant donné que les nouvellistes québécois ne se réclament pas d'une tradition nationale.

Mais c'est là une autre... histoire.

* * *

En fondant sur la perspective diachronique le nouveau programme de littérature au collégial, les réformateurs renouaient avec l'idéologie de continuité que la littérature de terroir endossait et par laquelle le cours classique encadrait ses valeureux enfants. Pendant vingt-cinq ans le cégep aura souscrit à l'aberration de présenter la littérature par le biais de ses formes. Tut, tut, tut, la nostalgie a heureusement prévalu, le XVIIIᵉ siècle de nouveau vient après le XVIIᵉ, et ainsi de suite, nous pouvons dépoussiérer nos notes de cours de méthode, versif et belles-lettres[14]. L'ordre est rétabli et l'esprit de la dissertation peut planer au-dessus des eaux.

---

14. Mes excuses pour rhéto et philo : à mon époque le train s'arrêtait là. (Pour m'amender je promets de vieillir.) Nous avions entendu l'olifant à Roncevaux, rencontré Montesquieu, Villon que Dieu veuille absoudre, Camus, arbitré la querelle de Voltaire et Rousseau, accompagné Victor Hugo sur la tombe de Léopoldine, respiré *Les fleurs du mal*, nous nous étions émus avec Florentine Lacasse de la désertion de son amoureux. Merci, MM. Desaulniers, Bergeron et Roberge. Merci d'avoir estimé semblables fréquentations accessibles à des gamins de quatorze ans. Merci de ne pas nous avoir demandé de vous entretenir de notre *vécu*, mais de nous avoir donné la littérature, si salutaire quand on ne s'endure pas soi-même, quand on est dévoré par le mal d'aimer. Merci de nous avoir menés si loin dans le répertoire de notre langue que nous puissions maintenant faire de ce qui nous entoure le propos d'une littérature écrite en français, la nôtre. Votre ancien étudiant est devenu prof et il se retrouve, amèrement, dans la situation suivante : la réforme a eu pour effet de réduire le domaine national au profit d'œuvres classiques que l'on pourrait facilement aborder

Molière est de nouveau un auteur du Grand Siècle[15] — il devait s'en ennuyer, le pauvre. Il reste que je ne suis pas convaincu que sa datation au carbone 14 soit la meilleure façon de l'étudier en classe. Ne vaut-il pas mieux chercher à comprendre le parti qu'il a fait au théâtre, à la scène, comprendre comment il a trouvé dans le théâtre même le désir de faire un autre théâtre, qui soit *plus* théâtre à ses yeux ?

Si je propose à mes étudiants de comparer le récit de voyage de Chateaubriand en Amérique (rapporté dans les *Mémoires d'outre-tombe*) et *Attala,* je dois être conscient que le portrait du romantisme qui résultera de la confrontation de la fiction et du récit de soi ne saurait être tenu pour le romantisme-du-programme.

Si je demande à mes étudiants de démontrer le parti pris de Lovecraft pour l'indicible, je dois être conscient que je m'écarte du programme et de mes responsabilités. Tant pis s'ils m'expliquent avec ferveur la triangulation par laquelle la peur n'est pas montrée dans sa cause mais dans son effet, tant pis s'ils comprennent alors l'expression narrative du point de vue. Tant pis s'ils sont capables de comparer ce processus à la sursaturation du roman d'épouvante actuel et du cinéma à *effets spéciaux* contemporain. Tant pis s'ils comprennent alors que c'est aussi

---

au cours secondaire, comme vous le faisiez avec nous (à moins d'estimer *ipso facto* que les étudiants contemporains ont des capacités moindres que les vieux chevaux dans mon genre...). Cette réduction du corpus national dans ce qui s'avère les classes terminales de littérature restreint à un seul cours le contact entre les étudiants et leur littérature. Votre ancien étudiant est aussi devenu citoyen de ce curieux pays qui choisit de ne pas entendre sa littérature. L'ignorance est une bien coûteuse vertu...

15. Que me sert-il de définir le théâtre du XVIIe siècle quand le XVIIe siècle n'évoque strictement rien auprès de la majorité des étudiants ? Merci à Georges Desmeules de me fournir l'exemple de Molière.

cela, vivre aujourd'hui : baigner à son insu dans une esthétique dont témoigne quelqu'un qui est mort depuis longtemps. Que c'est aussi cela, aller à l'école : réduire l'insu.

Telle sera ma nostalgie.

* * *

Le danger est qu'en plaidant par antiphrase je laisse entendre que la pédagogie n'a rien à tirer de la nouvelle. Dans le cadre d'une conférence[16], inspirée par Stanislavski, l'Actor's Studio et la psychothérapie, Madeleine Cottenet-Hage invita notre docte assistance à fermer les yeux. Elle nous indiqua ensuite des éléments de décor en nous invitant à poursuivre la rêverie. Chacun fut alors plongé dans une situation très proche de l'acte de création littéraire. La conférencière tentait, par cette *mise en condition,* « d'activer des images que le texte à lire va susciter et faire naître[17] ». Or la nouvelle proposée, « La plage[18] », en raison de sa « pauvreté » dramatique, n'a rien du texte canon auquel on réduit souvent la nouvelle. Ce qui n'empêche pas la conférencière de créer une formidable attente, comme j'ai pu l'expérimenter moi-même, yeux fermés, sans avoir dans le cadre du jeu reconnu le texte de référence. Jamais pourtant le rôle actif du lecteur ne m'est-il apparu plus clairement. Ce rapport affectif neuf avec le texte me disposait

---

16. Reproduite sous le titre « Imager la nouvelle », dans *Le genre de la nouvelle dans le monde francophone au tournant du XXIᵉ siècle. Actes du colloque de* L'Année nouvelle à Louvain-la-Neuve *26-28 avril 1994,* sous la direction de Vincent Engel, Luxembourg, Phi / Frasne, Canevas / Québec, L'instant même, 1995, p. 231-235.

17. M. Cottenet-Hage, *op. cit.,* p. 233.

18. Alain Robbe-Grillet, « La plage », dans *Instantanés,* Paris, Minuit, 1962, p. 61-73.

à une approche analytique susceptible de transcender les limites de la nouvelle, celle-ci ayant fourni sa densité propre.

*   *   *

Je crains qu'on n'attende de la nouvelle qu'elle diffère de sa nature. Il en résulte que la nouvelle, le recueil surtout, semble se soustraire à l'entendement. On se sent démuni devant une forme qui se dérobe à dessein — ce qui est proprement inavouable quand on fait publiquement métier de lire et de faire lire. Cela contribue à dresser un écran de silence devant un genre déjà taciturne par nature. Faute d'exister *immédiatement*, dans la presse puis dans la classe, le livre de nouvelles est-il autre chose qu'un accident de parcours dans la pratique littéraire de notre époque ?

De son inexistence le nouvelliste se console en se disant que Dieu reconnaîtra les siens. Il demande à l'avenir de le réconforter. Parfois ça marche.

Quant à l'éditeur, il ne croit pas en Dieu. Il n'en a pas les moyens.

LES BONNES INTENTIONS

Je m'interromps : j'aimerais poser l'existence de la nouvelle dans sa pureté, dans son autonomie complète face à la réalité, à la littérature et à l'exploration à laquelle je me livre en contribuant à l'édition de recueils (une soixantaine, jusqu'ici) et en écrivant ce bouquin. Bref, postuler l'existence d'un genre dans l'ordre de sa perfection et le décrire fidèlement.

Mais je n'aimerais pas.

Je me fais de la réalité une représentation tordue, impuissant à assigner aux choses et aux événements des causes et des enchaînements. Le monde est pour moi insaisissable dans le Tout qu'il affecte, il est fissuré, creusé de brèches. Contradiction intime : je me lance dans une entreprise que je sais vouée à l'échec puisqu'il me plaît de considérer que la nouvelle est incompatible avec l'analyse *in vitro*. Terriblement vivante, elle reconduira, par son renouvellement, mes propos à leur caducité inéluctable. Je veux mettre la main au collet à quelque chose qui profite de l'absence de sa définition pour creuser la brèche, y aménager l'espace urgent de l'instant. Qu'on me pardonne de préférer l'ombre à la proie, le cheveu à la soupe. Qu'on me pardonne de si souvent éluder la question.

* * *

On dit volontiers — et sans doute a-t-on raison — que la nouvelle convient au rythme de la vie moderne, qui ne dispense ses haltes de lecture qu'au compte-gouttes. Les lecteurs se réjouiraient du grand cas que l'on fait d'eux — on aurait créé à leur intention le genre idéal, des aventures mijotées à la cocotte-minute. Il ne leur resterait plus qu'à prendre le métro.

Voilà justement le hic : si tous ceux qui prétendent que le genre a été créé pour les déplacements en métro l'utilisaient, ils constateraient que ces conditions d'existence sont précaires puisque le métro n'existe chez nous que dans une ville, que les gens de cette ville le boudent de plus en plus, que peu de passagers lisent, et que sous ce rapport les *ils* sont en fait des *elles*[1] ou des *they*. La lecture souterraine me semble surtout consacrée au journal, au magazine et au roman ; en général, dans le métro de Montréal on regarde le paysage...

* * *

Si les nouvellistes tenaient vraiment compte des lecteurs, ils écriraient des romans. Ou des biographies.

* * *

La nouvelle : le genre de notre époque ? Certes le rythme de la vie moderne y est pour quelque chose, mais en ceci que la nouvelle est le fruit d'une conscience hachurée par le défilé frénétique des apparences. Un jour, avant d'entrer dans le duodénum du métro Préfontaine, j'emprunte la ruelle Winnipeg,

---

1. Les femmes composent les deux tiers du lectorat québécois. À partir de la quarantaine la plupart des hommes cessent de lire.

qui prend sa garnotte pour une plage, je longe un terrain de balle-molle où s'agitent de replets homards casqués, je suis la cible de slogans harceleurs, je hume le parfum amer des voitures qui suintent le long du trottoir, j'entends venir une bagnole prise de convulsion sonore, sur son balcon un citadin cale sa bière en se désespérant des résultats du match à la radio.

La nouvelle est peut-être un défi jeté à la face de la durée, l'histoire répétée de l'impasse. « Une coagulation de l'instant » (merci, Pierre Mertens). J'ouvre un recueil et je vois les certitudes plier le genou, l'équilibre se rompre. Appelons cela le pacte de la brièveté : je dois prêter au texte toute mon attention parce que tout y est indice, le terrain est miné, le réel est un piège. Cette brièveté tient de la témérité : un personnage pose sa vie sur une fissure. Le tapis se dérobe sous ses pieds au moment où il est le plus vulnérable — dès que s'amorce la nouvelle, la *course*. Elle est vache, la nouvelle, en ne cherchant qu'à se consumer ; elle est phénix : dans le recueil elle renaîtra dix, vingt fois de son accomplissement. Le personnage ? Non. *Exit*.

Non, la nouvelle n'est pas un petit roman. Un quatre et demie n'est pas une réduction de Versailles : on y trouve à boire et à manger, à dormir, à ne pas dormir, à pleurer, à écrire. On y regarde le plafond et on se dit que Piranèse existe.

La nouvelle est une phrase complète jetée sur la multiplicité des théâtres.

La nouvelle tient tout entière dans les circonstances les plus acrobatiques de ma vie de lecteur.

Elle est le ticket dont je suis dépourvu dans un système de transport qui n'admet que le montant exact.

L'espace, le temps, le trafic des idées et des états d'âme ne sont pas des nombres entiers.

La nouvelle est une incision, mais déjà la mer Rouge se referme.

Les nouvellistes ont décidé de souscrire à l'instant unique et pourtant réitéré où l'existence se fendille comme un fruit trop mûr. Ils se sont débarrassés de l'obsession de faire tenir la comédie humaine dans un seul texte, et pourtant ils ne cessent secrètement d'y aspirer même s'ils doivent avouer que ce texte, ce sera le prochain.

Habiter une nouvelle est bien difficile.

En parler ne me semble guère plus aisé.

DU LABYRINTHE AU LIEU COMMUN

La mythologie *n'a pas d'âge* : les récits les plus anciens s'appliquent éloquemment aux temps modernes : quand Freud observe les relations du fils et de sa mère, il n'a qu'à tendre le bras dans la besace de Sophocle et il trouve un brave et bel Œdipe. Et de nouveaux récits, dont on peut penser qu'ils dureront, apparaissent pour dire notre époque : quand la chronique judiciaire se sent à court d'inspiration, elle n'a qu'à chercher qui, dans la rue d'à côté, s'emploie à rejouer le *Lolita* de Nabokov. Les grands drames ne manquent pas d'acteurs. Le tragique n'est pas à plaindre — nous, si.

* * *

Une maman vient à mourir, laissant père et fille dans le deuil. Celui-là a tôt fait de se remarier et d'oublier celle-ci, au profit de sa nouvelle épouse et des deux filles d'icelle. Sitôt commis le délit de remariage, le papa disparaît pour ainsi dire du décor. Sa fille faisant office de souillon au sein d'une *famille reconstituée* où les trois nouvelles *étrangères* en mènent large, on peut soupçonner que le bien familial risque d'échapper à la légitime héritière de la défunte. La fée marraine (qui est de la famille, comme son nom l'indique) intervient donc

51

pour rétablir la situation qui prévalait avant le décès de celle qu'on peut présumer être sa sœur (quand on a une fille on demande volontiers à la sœur de la mère d'agir comme marraine). Une citrouille et une pantoufle de vair aidant, l'univers retombe sur ses pieds et Cendrillon, un temps menacée de tout perdre, non seulement retrouve sa famille (son papa, sa marraine), mais en gagne une nouvelle, celle du fils du roi. Les trois autres femmes sont punies (dans la version des Grimm, elles se font crever les yeux, elles n'auront fait qu'entrevoir l'héritage convoité). Fifille a fait un bon mariage, papounet est content, il a le bonheur bête et replet, et je tends à penser que, dans les circonstances, il n'a même pas à défrayer la noce, le papa du gendre ayant les moyens de verser dans le somptuaire.

Un conte de fées vient nous raconter l'angoisse culturelle liée au fait qu'à la mort des mères, les pères n'offrent aucune garantie de continuité. Et ce n'est qu'une des significations que l'on puisse tirer d'un texte qu'on croirait usé à la corde, la tendance étant plutôt d'analyser la surprenante et hollywoodienne alliance entre un prince charmant et un souillon fleurant le remugle et l'ammoniaque. Si la canonisation s'appliquait aux textes narratifs courts, le Saint des Saints inclurait certainement *Cendrillon*, *Le Chat botté*, *Le Petit Poucet*, *Le Petit Chaperon rouge* et *Peau d'Âne*. Sans discontinuer ils présentent du sens sous toutes leurs facettes.

* * *

À Œdipe et Cendrillon je ne reconnais que des mérites. En classe, j'aime bien aborder la littérature dans sa relation métonymique (le signe pour la chose) avec la société. La métonymie ne rend pas compte de toute la littérature, bien sûr, mais du moins permet-elle un aller-retour très fécond entre les œuvres et le tissu social : que fait notre société de *la* et de *sa* littérature ?

quelle place tient le référent québécois dans nos œuvres ? comment expliquer le diktat cyclique suivant lequel notre littérature doit parler de nous, du plateau Mont-Royal, du troisième rang ? qu'est-ce que « vivre en ce pays » a de littéraire, de poétique, de comique ou de tragique ?

Que peut-on dire de la littérature québécoise par le biais du social ? Plein de choses assurément, comme en témoignent les travaux des Jean-Charles Falardeau, Gilles Marcotte, Réjean Beaudoin, Monique Lafortune, Patricia Smart, Jean Morency, Jean-François Chassay et Georges Desmeules, pour ne citer que quelques-uns des chercheurs qui ont souscrit au désir d'interpréter le répertoire national, s'appuyant qui sur des éléments historiques, qui sur une approche intégrant des structures mythiques[1].

Dans cette perspective, une question a alimenté ma réflexion de prof : y aurait-il un récit fondateur de notre littérature, une pierre d'angle de notre imaginaire ? Se trouverait-il chez nous un livre qui soit l'équivalent de la *Cosmogonie* d'Hésiode, de l'*Ancien Testament*, de *L'Énéide* de Virgile, du *Livre des Héros* chez les Ossètes, de *La chanson de Roland*, de *Moby Dick* de Melville, du *Dernier des Mohicans* de Cooper ou qui réponde aux questions posées par Philip Roth dans *Le grand roman américain* ? À cette question je n'ai jamais pu répondre, sans que cela me chagrine le moins du monde. Je suis de ceux qui apportent *safrement* des questions dans cette auberge espagnole qui sert de classe. Je grappille volontiers, trouvant un fragment de réponse dans les récits de voyage de Jacques Cartier (pour sa vision du fleuve nourricier et meurtrier, pour ses multiples et magnifiques erreurs qui font de ce

---

1. Plusieurs des hypothèses d'interprétation de ces chercheurs renvoient à l'espace américain comme générateur de mythèmes propres.

53

pays un fantasme, de son journal une quasi-fiction), puis dans *Maria Chapdelaine*, même s'il m'en coûte, pour le rôle désastreux que ce roman, longtemps le best-seller absolu en France et pierre d'assise d'une importante maison d'édition, Grasset, a tenu dans l'édification de l'image folklorique réductrice dans laquelle nous maintient la France, ses éditeurs au premier chef.

J'ai la ruse des cancres, je confesse à mes étudiants mon incapacité à trouver l'œuvre angulaire mais m'empresse de gommer le piètre résultat par une nouvelle question qui pourrait se formuler ainsi : considérant que les Hispano-Américains ont résolu l'équation de dire l'américanité en espagnol (inventant au passage le réalisme magique, certains se payant coquettement le luxe de dire qu'il n'en est rien) ; que les Brésiliens nous amènent parfois dans la touffeur amazonienne du langage (je pense évidemment à João Guimarães Rosa) ; que les Américains ont inventé le roman western — entre autres romans de la conquête — et que Lovecraft traduit l'envoûtement atlantique et les hantises puritaines dans une langue d'immigration ; pouvons-nous trouver pareille appropriation en français du dire américain ? Faut-il s'en remettre à Chateaubriand (*Atala*, *René*, les si beaux passages des *Mémoires d'outre-tombe* consacrés à son voyage américain) pour construire une parole française en Amérique ? (J'entends Octave Crémazie, Claude-Henri Grignon, Albert Pelletier et Jules Fournier qui piaffent d'impatience dans le fond de la classe et qui voudraient bien donner leur avis !)

L'étude des grands thèmes — je m'en tiendrai aux fins de la présente à la famille dans la littérature québécoise et à la mort dans les corpus fantastique et policier — gagne au contact des mythologies classiques. On peut notamment tirer du répertoire des tragiques grecs des schémas qui proposent toutes les combinatoires familiales imaginables : frères ennemis, meurtre du père, amour de la belle-mère pour le fils, du fils pour maman, de la fille pour papa — laissons là, on n'en finirait plus de frémir du bonheur de connaître Iphigénie, Phèdre, Médée, Antigone, Étéocle, Clytemnestre, Oreste. Sans parler du drame d'Abraham menant Isaac au bûcher, de Jacob trompant Esaü-aux-lentilles et le bonhomme à l'agonie en s'empoilant le menton, de Joseph-à-Jacob abandonné par ses frères, de la Vierge faisant Dieu à la barbe de saint Joseph. Ainsi mis en train, les étudiants découvrent plus facilement les tensions dramatiques qui agitent le roman de terroir (le Survenant, faux frère d'Amable ; la mésalliance dans *La campagne canadienne* d'Adélard Dugré, la mort du fils aimé dans *Menaud*, la dissolution familiale dans *La Scouine*, etc.), quand il essaie de ne pas dévoiler trop clairement ses enjeux fondamentaux, pour moi liés à la transmission du bien paternel[2].

De même la conjonction des mythes de la terre (suivant la division en phases civilisatrices successives via Gaïa-Mèter, Rhéa la Grande Mère, Déméter et Hestia proposées par Jean Pierre Vernant[3]) est-elle d'un recours bénéfique pour interpréter

---

2. *La terre paternelle* de Patrice Lacombe : un homme *se donne* à l'un de ses fils parce que l'autre garçon de la maison a été pris de bougeotte et a gagné la forêt. L'entreprise tourne au désastre, les deux hommes deviennent porteurs d'eau — rien que ça comme image mythologique propre aux Canadiens français ! La sœurette ne peut plus se marier dans ces conditions. Le fils revient, il fournit lui-même le veau gras, et la vie peut reprendre. *Un homme et son péché* de Claude-Henri Grignon : un homme fait vœu de stérilité, refusant ses séminations à son épouse et remplaçant l'avoine par l'or dans le sac de semence. *Le Survenant* de Germaine Guèvremont : un veuf a une fille vaillante — mais c'est une fille — et un fils braillard et stérile. Survient un étranger au sang vibrant (voir l'épisode de la bagarre avec le fils Provençal) qui pourrait usurper l'héritage.

3. Jean Pierre Vernant, *Mythe et pensée chez les Grecs,* Paris, Maspero, 1965. Le raccord entre cette vision anthropologique du mythe de la terre mère et la rêverie bachelardienne sur les éléments s'avère aussi très riche.

Menaud (dans l'opposition entre le domaine de la forêt, masculin, et celui de la terre, où la femme réussit à domestiquer l'homme). La sévérité avec laquelle on peut recevoir la phrase précédente devrait convaincre de la profondeur mythique de ce qui est en cause, de la peur profonde que le roman de Savard venait nommer sous le grandiose tapis des métaphores. De là à une histoire des mythes touchant la perception masculine de la femme à travers les âges (et les cultures adjacentes à la nôtre ou la précédant), il n'y a qu'un pas que nos étudiants nous invitent à franchir avec délices, sachant bien qu'il s'agit de quelque chose de fondamental.

* * *

De la mort il est difficile de parler. Donc nous écrivons. Partout. Sur les cloisons de toilettes publiques, dans un journal intime, en vers et en prose. Dante, ça vous dit quelque chose ? Ils sont quelques-uns comme lui... Et ils logent parfois à l'enseigne du fantastique, afin de reposer la question de la réalité (serait-elle plus vaste que ce que l'on soupçonne ?) et de son évocation par le biais de la fiction. Dans ce très large corpus qui s'emploie à reculer les frontières de la mort, un champ thématique m'a semblé digne d'étude et susceptible d'intéresser vivement les étudiants : la littérature vampirique[4]. Rapidement il m'a paru que Dracula et consorts se présentaient comme des Christs noirs. Les liens de parenté ne manquent pas, ce que fait ressortir la panoplie du chasse-vampire Van Helsing (pieu d'aubépine, en souvenir de la couronne d'épines ; usage de la croix et de l'eau bénite). L'un, Jésus-Christ, invite à boire son sang pour acquérir la vie éternelle ; son envers nous convie à

---

4. Ce que je ne dis pas, c'est que je m'y suis engagé avec un certain scepticisme, curieux de lire et de réfléchir à ce qui en apparence relevait du grand-guignolesque ou de la fête foraine.

l'immortalité moyennant une morsure, les deux ouvrant un espace métaphysique vertigineux. Le détail des œuvres (Gautier, Le Fanu, Stoker, Rice, etc.) ramène à la symbolique essentielle du souffle et du sang, à une séduction morbide où il est difficile de ne pas évoquer ces bons vieux Éros et Thanatos.

De même, un large segment de la production narrative contemporaine, le roman policier, se construit-il sur la base d'un meurtre[5] qu'il faut élucider. L'enquête du polar s'apparente, on l'a assez fait remarquer, à l'enjeu d'*Œdipe roi* : qui a commis ce crime, homicide, parricide, régicide tout à la fois ? qui cause le désordre du monde ? Imaginer que je peux de temps à autre investir la production littéraire d'une aura mythique, faire de l'écriture un Graal à atteindre, un grand-père loup à rencontrer dans un paragraphe, voilà qui me plaît assez.

* * *

Une maman vient à accoucher d'un fils en dépit du fait qu'on lui a prédit que celui-ci l'épouserait après avoir tué papa. On fait donc disparaître fiston, mais il réapparaît à un carrefour, se prend de querelle avec un vieux chnoque pour qui le droit est fondé sur l'âge. Mort du chnoque. En route pour sa ville natale, qu'il ignore être sa ville natale, le jeune homme débarrasse le pays d'une poseuse d'énigmes qui avait l'habitude de dévorer les joueurs au terme du *quiz* et à propos de laquelle il est possible de gloser sur la peur que suscite la féminité cannibale chez les hommes. On imagine la joie des dirigeants du bureau municipal de tourisme une fois la gloutonne éliminée. Le trône est libre, le jeune homme évoque

---

5. J'ai envie de parler d'une inversion fondamentale, le point de départ étant la mort.

vaguement, aux yeux de la reine veuve, le défunt roi récemment assassiné, mais en mieux — n'est-il pas plus jeune ? La reine est heureuse, elle pourra enfin élever une famille.

La peste s'abat sur la ville, signe que les dieux sont courroucés. Un grand crime est resté impuni. Œdipe cherche et quand Œdipe cherche, il trouve. La poseuse d'énigmes en sait quelque chose : « Qu'est-ce qui marche à quatre pattes le matin, sur deux à midi et trois le soir ? — L'être humain. En somme : moi. » Qui a commis l'homicide, doublé d'un parricide, triplé d'un régicide ?

Moi.

*   *   *

Une pluie vient à tomber. Une pluie comme ça, ça ne s'est pas vu depuis l'époque du grand-père Noé, peut-être même de celle où nous étions des protozoaires envisageant l'avenir. Les barrages cèdent, les rivières sortent de leur lit, le Saguenay est ravagé.

Il faut reconstruire : cela prendra du temps ; il faut interpréter : cela vient aisément. Les tribunes consacrées aux lecteurs témoignent : la nature est courroucée. Le grand crime de spoliation de la nature était resté impuni. Qu'avons-nous fait du lac Kénogami ? Un journal à Ottawa témoigne : ça vous apprendra à vouloir briser le Canada.

*   *   *

J'aime la pérennité du récit mythologique et du conte de fées, j'aime cette abondance de sens réitérée ; j'aime aussi que la nouvelle se présente en art pauvre, qu'elle tire son sens, autre, de la fragmentation, de l'éclat et de l'éclatement. Je ne suis pas seul. À l'origine de L'instant même se trouvent quatre personnes qui ont eu la patience, dont nous nous louons encore, d'attendre le temps qu'il fallait pour que s'impose le nom, proposé par Jean-Paul Beaumier, je crois : les éditions de l'Instant. Comme allait en rendre compte la première série de recueils, sous couverture photo, nous entreprenions d'investir le théâtre de l'instantané.

Un pépin a décidé du reste : simultanément apparaissait en France une maison du même nom. Nous ne nous sommes pas cramponnés, le nom a glissé, proposé par Jean-Paul Beaumier, j'en suis certain : L'instant même.

Même patience[6] à l'égard du manuscrit appelé à servir de phare, *Parcours improbables* de Bertrand Bergeron.

La nouvelle est parsemée des signes de son immédiateté, de cet instant même.

$$* \quad * \quad *$$

Je continue de craquer quand, l'heure du dodo venue, l'ouverture sur l'imaginaire passe par le pacte entre les enfants et les parents, « Il était une fois ». J'en souligne la solennité en baissant la voix d'une tierce. Il était une fois : le temps n'importe plus, nous nous contenterons d'imaginer qu'il est ancien, plus vieux encore que grand-papa. Dans le temps où il y avait des rois, des châteaux, des épées et des grenouilles suaves. Nous nous glissons dans l'apparente insignifiance de ces histoires dans lesquelles les loups ingurgitent tout rond des mères-grand, et des fillettes en guise de dessert, sans les soumettre à l'action conjuguée de la manducation et des sucs gastriques.

---

6. La patience, la patience... Il faut parfois lui donner un coup de pouce. Lecteur de la *nbj*, j'avais été séduit par le travail de Bertrand Bergeron. Il ne restait plus qu'à rencontrer l'homme derrière l'œuvre lors d'un lancement de la revue *Imagine...* : « Bertrand Bergeron, je présume ? » C'était Bertrand Bergeron.

Dans ce monde on ne se fait pas ratatiner les oreilles avec les recommandations usuelles, Mâche bien tes aliments avant de les avaler, Ne sale pas trop, Prends soin de fermer la bouche en mastiquant, *Ne rentre pas trop tard / Surtout ne prends pas froid* (Léo Ferré).

À la différence du conte et du récit mythologique (qui suggère son propre *In illo tempore*), la nouvelle contemporaine me semble rivée au temps, du moins la nouvelle réaliste — de laquelle catégorie, du reste, relève la majorité des textes. Cela ne la prive pas d'une certaine éloquence, mais l'effet est différent : on ne dit pas « dans ce temps-là il y avait un type du nom de Zeus qui manipulait le foudre avec aisance et désinvolture, et qui, ayant la cuisse légère, descendait régulièrement de l'Olympe vérifier ses qualités de dragueur ». (On ne fait pas en somme ce à quoi je me suis livré sur le compte du brave et bel Œdipe.) Car la rupture médiévale entre *exempla* et *realia* ne s'est pas démentie. Là où le mythe propose sous des dehors extravagants (faire le cygne pour séduire une jolie fille du nom de Léda, tout de même !) une histoire exemplaire, la nouvelle ne raconte le plus souvent qu'un destin minable, sur un ton qui n'est pas docte. Pour l'*exempla*, dans Carver, Cortázar ou Nabokov, on repassera.

Ma fascination, au demeurant, ne s'arrête pas là : on sait que Sophocle venait après d'autres, inconnus, anonymes ; *idem* pour Charles Perrault, dont le plus grand mérite est en quelque sorte de fixer dans les règles de son art la tradition dont il a hérité. De même suis-je pantois devant ces chansons sorties on ne sait trop d'où — il doit tout de même y avoir quelqu'un qui a « écrit » *À la claire fontaine*. Je pousse le vice jusqu'à être admiratif (discrètement...) pour qui a imaginé l'histoire du camionneur tombé en panne demandant à un quidam, après l'avoir rétribué pour ses bons offices, de mener sa cargaison de pingouins au zoo de Granby[7]. Y a-t-il une nouvelle, une œuvre littéraire québécoise contemporaine dont on puisse prétendre qu'elle est connue par autant de gens que ceux qui peuvent vous raconter cette histoire soi-disant drôle ?

* * *

Pérennité : je savoure le mot en silence. Professeur, je puise sans arrêt dans le répertoire mythologique (gréco-latin, juif, celtique ou amérindien), ébahi par cette envergure culturelle insurpassable qui nous mène du Gilgamesh assyro-babylonien à la machine Disney. Il arrive par contre à l'éditeur de soupirer en présence de ces figures de pérennité : pendant qu'Œdipe et Cendrillon font encore recette, les grands réseaux de librairies en voie de constitution chez nous ne tolèrent un titre que pendant six semaines, au terme desquelles il doit avoir fait la preuve de son succès, faute de quoi il est retourné au distributeur. Cette mécanique — je ne saurais dire autrement — déclenche une ruée, oblige à la prise d'assaut de la presse par les éditeurs et leurs mandatées, les attachées de presse. Elle tend à retenir ce qui est déjà porteur de l'aura de succès : le souci de plaire au lectorat l'emporte sur celui de lui faire découvrir de nouveaux auteurs et des façons inédites de poser l'acte littéraire. Il s'ensuit que la littérature est liée pieds et poings à l'immédiateté que ce processus engendre.

---

7. J'appartiens à ceux qui n'arrivent jamais à retenir ces histoires drôles. Ici, je crois que le camionneur rencontre inopinément le samaritain le lendemain de la panne. Voyant la horde à ses côtés, il s'inquiète. L'autre le rassure : le camionneur lui avait remis assez d'argent pour payer l'entrée des pingouins au jardin zoologique. Les oiseaux ont passé une belle journée et, de surcroît, il a pu les régaler d'une crème glacée. On devinera que je suis la victime toute désignée de ces rigolards qui vous poursuivent avec une histoire — toujours la même.

Le récit mythologique et le conte de fées ont quasiment fait oublier leur propre substance littéraire — qui se soucie de Perrault comme d'un écrivain, d'un *créateur* ? On voit en eux une structure, un schéma de transformation (d'une situation initiale en situation finale), l'écho anticipé d'un facteur social. Voilà des textes utiles. La nouvelle ? Elle a des prétentions, elle se pose comme entière, totale, finale dans sa brièveté. Elle proclame qu'elle est elle-même l'œuvre — mais, quand on est si petite, peut-on affirmer ce genre de chose ? Elle semble se désâmer à briser la structure par laquelle on croyait, il n'y a pas si longtemps, pouvoir la faire tenir toute, la chute finale servant d'aimant irrésistible. Il suffisait en somme de remonter jusqu'à l'incipit.

La nouvelle atteindra-t-elle jamais au mythe ? Peut-on penser qu'elles traverseront le temps, ces petites péripéties imaginées par Bioy Casares, Buzzati ou Calvino ? Survivront-elles au fait qu'elles émanent d'une seule conscience et qu'elles en constituent l'aveu de vulnérabilité ?

RÉPERTOIRE DES THÈMES
DE LA NOUVELLE

La vie est vaste, sans parler du reste.

LA NOUVELLE QUÉBÉCOISE
DANS SA JEUNESSE

L'histoire récente de l'édition québécoise est placée sous le signe de la multiplication. Multiplication des titres : en l'espace de trente ans, on a plus que décuplé le nombre des œuvres narratives — et la proportion est respectée dans les champs de la poésie et de l'essai. Multiplication des domaines touchés : dans la perspective large de l'édition générale, on a vu se créer, fût-ce modestement, eu égard aux rigueurs que suppose un marché exigu, des secteurs inexistants, tel celui des *beaux livres* (ainsi que le lexique consacré désigne les livres de riche facture) et arriver à maturité ceux des livres pratiques, de la psychologie populaire et des productions pour la jeunesse.

Cette question, qui touche la dimension commerciale du livre et sa pénétration des marchés — à moins de verser dans l'idéalisme missionnaire, on investit une sphère éditoriale en considération de sa rentabilité présumée — trouve sa contrepartie, quand on est éditeur de littérature, dans la question du genre. Du moins, créer une maison d'édition totalement vouée à la nouvelle pendant presque huit ans supposait que l'on en tînt compte, et dans tous les registres à la fois. Était-il possible :

• d'en arriver à une définition pratique du champ de la nouvelle ?

• de trouver assez de nouvellistes, dans un pays qui n'était pas réputé en compter beaucoup, pour assurer une production régulière et de haut niveau ?

• de trouver aussi le lectorat qui justifierait l'investissement en travail et en capitaux que ce genre d'entreprise comporte ?

• de survivre à la mode qu'on aurait contribué à créer, pour peu qu'il s'agît d'un effet de mode, ainsi que des commentateurs en ont parfois jugé ?

J'ai déjà indiqué que la nouvelle québécoise se joue présentement de ceux qui tenteraient de la circonscrire — j'utilise à dessein le conditionnel : personne ne semble vraiment désireux de dresser la liste des paramètres qui cerneraient le genre. Sauf dans les circonstances où l'on est appelé à participer à un jury (et l'orthodoxie me semble alors de mise), ce flou volontaire sert tout le monde. Écrivains et éditeurs y trouvent un espace de liberté. Il aura suffi aux éditeurs de L'instant même de poser d'abord clairement des limites pour mieux les transgresser par la suite. Un point nodal s'était constitué à partir duquel il est rapidement devenu possible de rayonner et d'intégrer les nombreuses œuvres limites.

Le survol, à des fins statistiques, du *Dictionnaire des œuvres littéraires du Québec* (les six tomes actuels couvrent la période s'étendant des origines à 1980) révèle que la nouvelle a traditionnellement compté pour peu dans notre paysage littéraire. Notre opinion, à l'époque où nous fondions L'instant même, était que la sous-représentation du genre tenait essentiellement au fait que si les nouvellistes existaient, tel n'était pas le cas des éditeurs de nouvelles — CQFC, ce qu'il fallait corriger. L'édition avait si généralement boudé la nouvelle qu'en l'espace de quelques mois, il y a une dizaine d'années, allaient apparaître trois lieux éditoriaux s'affichant au nom du genre : les revues *XYZ* et *Stop,* et L'instant même. Trois équipes éditoriales qui défient les statistiques de longévité européenne et avec lesquelles il faudra encore compter dans dix ou quinze ans. Une bonne idée n'étant jamais perdue pour tout le monde, un déblocage allait résulter de cette arrivée en force dans un territoire éditorial peu arpenté, la profession comprenant qu'une génération s'emparait du genre et pourrait s'y adonner au delà du champ d'exercice auquel on le confinait sottement. Il arrive cependant qu'en refusant auparavant de publier la nouvelle sous prétexte qu'elle est invendable, les éditeurs n'avaient pas faussement évalué une partie du problème : ses plafonds commerciaux, si on les compare à ceux du roman, sont bas[1].

Le phénomène en cause peut donc être considéré sous l'angle des lieux de production : les éditeurs n'ont d'abord consenti à la publication de recueils que pour se ménager leurs *meilleurs* auteurs ; puis la création de tribunes spécifiques les a incités à y regarder de plus près, pour le cas où les données culturelles et économiques auraient changé à leur insu, ce qui a amené la brève et extraordinaire effervescence des années quatre-vingt ; enfin la vague a reflué, plusieurs éditeurs entendent se retirer, cependant que des œuvres s'étaient constituées.

---

1. Je ne crois pas qu'un insuccès se traduise dans notre domaine par de plus petites ventes que dans le cas d'un roman — en somme le seuil ne varierait guère. C'est à l'autre bout de l'échelle que ça se gâte : alors qu'il arrive à un roman de s'embraser, le plus fructueux des recueils (dans une perspective commerciale, s'entend) ne parvient pas à maintenir ses ventes au delà du premier engouement, à moins que l'auteur ne se soit fait un nom dans un autre domaine ou que le marché scolaire n'ait pris le relais. La chose ne va pas sans inconvénient quand l'on sait que Robert Laffont, un éditeur qui connaissait tout de même la recette du succès, avouait qu'il était en quelque sorte à la merci *du* titre qu'il lui appartenait de propulser dans la stratosphère commerciale pour que puissent advenir les 350 autres livres qu'il publiait annuellement.

Ailleurs dans la francophonie, on envie les auteurs québécois de nouvelles de pouvoir n'écrire que ça ; ici on envie les Anglo-Saxons de ne pas souffrir des limites qui nous sont imparties : Bonnie Burnard a tout de suite gagné l'estime de la critique et de ses pairs avec la publication de son premier recueil, *Women of Influence*², on reste sidéré devant les 4 000 $ que le *Saturday Evening Post* versait dans les années trente à Francis Scott Fitzgerald pour une nouvelle.

* * *

Les instances éditoriales existent certes par leur dynamique propre, mais cela n'aurait aucun sens si elles ne reflétaient des volontés d'écrivains. Comment, au début des années quatre-vingt, ne pas croire en l'avenir de la nouvelle alors que tant de nouvellistes attendaient l'apparition ou contribuaient à la naissance de lieux qui leur seraient favorables ? Le fait qu'ils appartiennent pour l'essentiel à la génération des 30-50 ans suppose l'existence d'une forme de collégialité. Chacun connaît tout le monde, qui pour l'avoir rencontré au comité de rédaction de *Stop* ou d'*XYZ*, qui pour l'avoir lu (car les nouvellistes réunis dans un même catalogue se lisent avec assiduité et amitié), qui pour avoir participé à un débat public ou à une lecture collective. Il se crée des chapelles, des émulations, des amorces de filiation. Bref, la littérature vit, parfois dans l'inquiétude, toujours dans une sorte de ferveur dont je ne connais l'équivalent que dans les milieux de la poésie des années soixante-dix. Privilège des genres pauvres, dépourvus de la sérénité qu'affichent les romanciers qui ont *réussi* ; privilège

---

2. Traduit chez nous par Stéphane Brault sous le titre *Femmes d'influence* (1996).

d'un genre qui existe deux fois, en somme : dans la revue et par le recueil ; privilège de ce qui s'affiche dans son essence même sous le signe de la multiplicité : le recueil est prismatique, à tous égards la nouvelle existe dans le nombre.

De cela il s'ensuit qu'il n'est présentement pas possible de publier des nouvelles par inadvertance. Le plus souvent quand on soumet un manuscrit de nouvelles, c'est qu'on s'engage dans une revendication de genre. Les éditeurs ayant une pensée qui s'accorde sur ce point à celle des auteurs, la nouvelle a pris une tangente résolument formelle. C'est-à-dire que dans la production actuelle on trouve peu de recueils proposant l'histoire pour l'histoire (si on m'autorise ce calque de *l'art pour l'art*). Tous les nouvellistes ne visent pas nécessairement à faire rendre gorge au genre, mais on tient un plus grand compte de ceux qui le font, au bénéfice de l'élargissement de ce que peut exprimer cette forme de littérature, on estime davantage les explorateurs des marges que ceux qui n'aspireraient qu'à succéder à Maupassant, ce qui est pourtant beaucoup. Pour l'heure j'imagine mal que dans une rencontre entre praticiens du genre on puisse se contenter d'avancer qu'on n'écrit des nouvelles que pour le plaisir de raconter des histoires. Ce serait perçu comme veulerie ou déclaration de mauvais drôle. Les nouvellistes québécois sont au contraire de redoutables discoureurs. Il faut entendre leurs métaphores pour expliquer ce qui fonde la spécificité de leur travail : la nouvelle est un train[3] qu'on prend en marche ; elle est un coup de poing que personne ne donne, mais que tous, auteur, protagoniste, lecteur, reçoivent, etc.

---

3. Comme tous ceux qui en sont privés et qui savent que la chose existe, je suis fasciné par le train. Il présente une véritable géométrie littéraire, lieu clos en mouvement, avec cette profondeur historique, ses lieux de passage

Faute de définition[4], nous nous rabattons donc volontiers sur la métaphorisation[5]. La nouvelle, c'est le caillou que ma fille ramasse (non : *cueille*) sur le ballast de la voie ferrée. « Pourquoi ? lui demandé-je. — Pour ma collection. » Le caillou est d'une banalité époustouflante, elle le tient au creux de sa main tout l'après-midi, il va partout avec elle, elle le ramène à la maison, lui présente ses amies, le banc de neige, le trottoir,

---

que n'offre pas l'autobus ou l'autocar, autre objet de dévotion chez celui dont le premier désir professionnel fut d'en conduire. Il faudra bien un jour que je publie l'anthologie que j'ai entrepris de colliger il y a une dizaine d'années, que je me persuade de renoncer aux centaines de nouvelles de train amassées pour n'en garder qu'une vingtaine. Ce bougre de Hugues Corriveau a pris les moyens de ne pas souffrir de cet embarras du choix en réunissant cent nouvelles de son cru dans *Autour des gares* (L'instant même, 1991).

4. Sylvie Bérard observe judicieusement qu'« en fait, on n'a pas cessé de ne pas définir la nouvelle » (« Des titres qui font bon genre : de quelques particularités éditoriales de la nouvelle », dans Agnès Whitfield et Jacques Cotnam (sous la dir. de), *La nouvelle : écriture(s) et lecture(s)*, Toronto, Gref / Montréal, XYZ, 1993, p. 73). Vincent Engel fait par ailleurs remarquer que les définitions de la nouvelles soit « ont quelque chose du dogme — on s'y réfère sans pouvoir les formuler clairement, et moins encore les expliquer —, soit sont à ce point précises qu'un nombre étonnant de textes se retrouvent rejetés. De surcroît, elles se fondent sur la pratique de textes écrits au siècle passé, au mieux il y a cinquante ans » (« Pas de nouvelle, bonne nouvelle ? », *La revue des deux mondes. La nouvelle, c'est l'urgence*, n° M 2486, juillet-août 1994, p. 11, *passim*).

5. Quelquefois, quand elles vieillissent, les métaphores deviennent des clichés. À parler de la même chose depuis dix ans, je redoute pareille déperdition de sens dans mon propos, ce qui, loin de m'enjoindre de renoncer à écrire ce livre, m'a incité à le publier, dans ses outrances de langage et ses généralisations hâtives. J'ai le cliché en horreur ; je n'imagine pas grand-chose qui soit pire que de se pavaner avec des clichés qui ne seraient même pas advenus à l'existence par le fait de l'écrit, de leur mise en forme. Des clichés pêchés dans les limbes, quoi. C'est fait, désormais je pourrai au moins me contredire sur des bases vérifiables !

l'oiseau de peluche, tout. Le petit frère suit, il approuve, comprend tout de cette amitié. Ce caillou insignifiant l'a appelée par un matin de promenade et elle a entendu son appel. Les choses existent parfois dans la fulgurance — qui est brève. Faire quelque chose de presque rien, quelque chose qui soit lisse comme un caillou, râpeux comme un caillou, total comme un caillou — ce petit cosmos à un sou, le seul que je puisse m'offrir —, éclaté comme un caillou. Ce caillou me parle des cantonniers, mais regardez comme il se tait.

* * *

Comme on l'observe ailleurs (par exemple dans le retour au roman préoccupé de raconter linéairement une histoire, ce que d'aucuns qualifient de *roman-roman*, pour évacuer les textes de déconstruction), il est prévisible que les différentes tendances, les diverses stratégies textuelles s'équilibreront, qu'on revalorisera la chute finale[6], que l'aventure formelle reculera. Pour le moment le narratif me semble une préoccupation qui

---

6. Je dois un lourd aveu : les manuscrits refusés respectent proportionnellement davantage le principe canonique que ne le font les livres publiés. À leur échelle, les éditeurs contribuent aussi à l'évolution de la littérature dans leur soutien aux œuvres étonnantes, détonnantes, comme dans leur refus de la quasi-totalité des manuscrits qui leur sont soumis (porteurs d'une forme, d'une orthodoxie, d'une conception de la nouvelle, de la littérature). Les manuscrits refusés permettent de dresser le panorama de ce qu'un peu partout l'on estime la nature actuelle de la nouvelle ou du roman. À nos débuts nous recevions constamment des récits de terroir et des anecdotes savoureuses. Telle était l'idée que l'on se faisait de la nouvelle. Puis est venue l'ère érotique. La proportion de ce qui s'est publié au Québec dans ces deux champs thématiques me semble nettement inférieure à ce qui émanait des aspirants à la carrière littéraire. L'histoire littéraire ne se constituera toutefois que sur la foi de ce qui a été publié. L'éditeur détient donc un terrible pouvoir de distorsion des faits !

s'impose nettement sur le dramatique[7]. Chemin faisant, les nouvellistes ont trouvé une voix qui détonne carrément avec celle du roman, le genre se dissociant du résumé ou du roman qui aurait rétréci. Ils ont même trouvé plusieurs voix.

Cette dynamique a été ressentie partout dans l'appareil littéraire. Une fois sauté le verrou, une fois le genre autorisé à exister par le fait des éditeurs spécialisés et du militantisme obligé, des revues ont ouvert leurs pages à la fiction courte, *Lettres québécoises* lui consacre une rubrique spécifique[8], la presse se prend à suivre le pas. Mais une visite en librairie est riche d'enseignement : pour un recueil « joué en pile », les romans qui bénéficient de cet essentiel soutien ne se comptent plus. Peu d'écrivains québécois vivent de leur plume ; aucun nouvelliste ne peut y aspirer.

*   *   *

La nouvelle québécoise n'est pas née d'elle-même. Il ne reste que peu de traces du travail de Thériault (dont l'œuvre abondante reste pour l'essentiel inédite dans le domaine qui nous intéresse, ce qui doit bien être le signe de quelque chose qui tient de la défaveur) et de Ferron, encore moins de leurs devanciers du XIXe siècle, les Pamphile Lemay, Louis Fréchette,

---

7. Voir à ce propos les observations de Gaétan Brulotte : « Formes de la nouvelle québécoise contemporaine », dans Lise Gauvin et Franca Marcato-Falzoni (sous la dir. de), *L'âge de la prose. Romans et récits québécois des années 80*, Rome, Bulzoni / Montréal, VLB, 1992, p. 67-84, et « En commençant par la fin », dans Agnès Whitfield et Jacques Cotnam (sous la dir. de), *La nouvelle : écriture(s) et lecture(s)*, Toronto, Gref / Montréal, XYZ, 1993, p. 93-102.

8. Le fait que ses animateurs soient aussi à la tête d'*XYZ* explique sans doute ce parti pris pour nous tous salutaire.

Louvigny de Montigny, Honoré Beaugrand et Joseph-Charles Taché[9] : cette littérature *canayenne*, attachée à la bête à grand-queue, au panthéon des *forestiers et voyageurs*, au pittoresque, à la mise en place du rituel du crachoir (notre arbre à palabres) se trouve aux antipodes des préoccupations formelles auxquelles je fais allusion.

Il a fallu que les écrivains québécois s'écartent des modèles proposés par leurs prédécesseurs, du Québec, de France ou de Navarre. À l'époque où j'étais rédacteur en chef du magazine *Nuit blanche*, j'avais mené une enquête — confirmée par plusieurs épigraphes glanées dans les recueils québécois des années quatre-vingt — qui allait révéler que la jeune génération de nouvellistes (autour de laquelle je maintiens l'outrecuidance de tout construire ou presque) élisait Cortázar, au premier chef, et Borges[10]. La chose n'est pas unique dans le monde francophone ; il ne faut voir ici qu'une disproportion dans l'affection : depuis vingt-cinq ans, les écrivains québécois aiment beaucoup, mais alors beaucoup-beaucoup Cortázar et Borges.

En somme j'attribue l'émergence forte de la nouvelle québécoise au contact que les écrivains québécois et ceux qui aspiraient à le devenir entretenaient, à titre de lecteurs, avec

---

9. S'il faut parler de traces de ce travail, qui tient davantage du conte folklorique que de la nouvelle, c'est dans une certaine manière de disposer du pittoresque qu'il faut les chercher. Peut-être notre époque est-elle janséniste, mais il faut constater la quasi-inexistence de ces personnages truculents auxquels les folkloristes confient la narration. Comme les téléromans offrent déjà leur pâture quotidienne de ces forts en gueule, il me semble peu prévisible que la nouvelle se commette de ce côté. La place est prise. *Ad nauseam*, si j'ose.

10. « L'île aux trésors », dans *Nuit blanche*, n° 24, juillet-août-septembre 1986, p. 32 à 34.

les nouvellistes du Cône. La critique, soucieuse d'analogies, n'a pas manqué de renchérir : sitôt qu'un recueil met la réalité à mal, dès que l'écriture entreprend de réduire les parties dialogiques en cherchant la fusion dans le tissu narratif de toutes les parties du discours, dès qu'on s'exerce à la modulation des points de vue (ce par quoi on prend connaissance des événements par un personnage puis par un autre au sein d'une même phrase), les commentateurs évoquent les noms de Bioy Casares, Borges, Calvino et Cortázar. Cela durera tant qu'on n'aura pas compris que cet élan endogène, en vertu duquel la nouvelle a présidé à *notre* nouvelle[11], n'est pas terminé et que des réseaux d'influence sont perceptibles entre pairs — de manière horizontale, si j'ose dire. Des auteurs en effet, je le répète, sont à construire ce qu'il faudra bien reconnaître un jour comme œuvres, et cela n'échappe pas à tout le monde.

Car des choses ont changé : ce qui était refusé à Adrienne Choquette pourrait être accordé à ces nouvellistes qui ont affirmé des voix fortes. Du moins comprendra-t-on que les éditeurs de L'instant même aient depuis le début engagé leur énergie à ce qu'il en soit ainsi.

---

11. Je tiens en effet qu'on pratique un genre sur la foi du genre lui-même. C'est-à-dire que le genre est générique comme on dirait *génétique*. La nouvelle engendre la nouvelle.

FAIRE DU NEUF

Les nouvellistes québécois contemporains semblent avoir choisi de prendre au pied de la lettre le mot qui désigne leur genre et d'ainsi se lancer à la recherche de l'expression narrative nouvelle. En cela ils renouaient avec Boccace[1], tout en jetant leur voix dans l'arène de la modernité.

Comme je tiens *À rebours* de Huysmans pour le premier roman du XXe siècle (même s'il a paru en 1884), je suis sensible à toute latitude qu'un auteur prend avec le tissu narratif pour l'éloigner de ce qui semble sa fonction première : raconter une histoire. Je sens dans la nouvelle québécoise récente le désir de surimpression de la trame fictive et de la conscience explicite du genre. Le texte *se dit*, c'est-à-dire qu'il donne à lire autre chose que les aventures de protagonistes, soit l'aventure du texte en cours. Il est fréquent que l'illusion réaliste (celle qui fait confondre personnage et personne) soit niée, battue en brèche. Lecteurs de Bergeron, Girard ou Legault, nous ne lisons pas tant une histoire qu'un récit — une manifestation

---

1. La liberté de ton par le recours à la langue vulgaire, l'élargissement des responsabilités dramatiques des nobles aux bourgeois et même la possibilité que la femme et le peuple puissent accéder au statut de protagonistes représentent des faits littéraires novateurs pour le XIVe siècle.

constante, affirmée de l'écriture. Il n'est donc pas tout à fait surprenant, quoique je m'emploie plus loin à vilipender le procédé, que l'on demande constamment aux nouvellistes d'expliquer leur choix générique (alors que sous ce rapport le roman va de soi), avec le résultat que si le romancier parle en son nom, le nouvelliste est fréquemment invité à parler pour la paroisse.

En fait, dans l'œuvre, il ne parle pas. Pas totalement. Il entreprend de se taire et y parvient en moins de dix pages. C'est là le sens moderne que me semble revêtir la chute, dessinant un courant, un torrent qui mène le texte vers son anéantissement.

$$* \quad * \quad *$$

Les personnages non plus ne parlent pas. Une des façons en effet d'*assumer* pleinement le genre aura consisté pour nos nouvellistes à quasiment faire abstraction du discours dialogique, à tout fondre dans le tissu narratif. Pleinement ? La narration ne semble plus souscrire qu'à elle-même, ce qui a pour effet de resserrer le texte (les parties dialogiques *aèrent* la page, comme le savent les auteurs de *briques*) et de renforcer l'effet de médiation qui lui est propre : les personnages ne nous sont plus donnés que par le biais de la parole rapportée. J'ai été frappé, en corrigeant les épreuves de *Dix ans de nouvelles*[2] (L'instant même, 1996), de constater que le premier

---

2. L'anthologie réunit vingt-six nouvelles québécoises. Je me suis adonné à la composition de l'anthologie non sans éprouver de la gêne à extraire les nouvelles de leurs ensembles d'origine, conscient que je leur soustrayais la part de sens conférée par leur relation à ces ensembles. J'éprouve un plaisir incertain à voir le succès de *Dix ans de nouvelles*, disproportionné si je le compare à celui des livres qu'il entend servir en attirant sur eux l'attention par la démarche anthologique.

dialogue dûment entouré de guillemets et piqueté de tirets n'apparaissait qu'à la moitié du livre ! Une dizaine d'auteurs[3] avaient défilé. Les recueils canadiens-anglais présentent des personnages que, par contraste, on qualifiera de loquaces. Ils parlent, ils agissent. Chez nous, les faits et gestes sont en quelque sorte digérés par la narration, le coup est donné en différé, on est davantage dans la scène rejouée que dans la prise directe sur une action. L'avis de Gaétan Brulotte, qui note dans notre nouvelle une propension au récit de la solitude[4], se trouve confirmé par ce qui jamais ne ment : la forme.

*   *   *

On aura sans doute eu l'impression de-ci de-là que je tiens pour négligeable le rôle de la chute finale dans la construction de la nouvelle (au profit notamment de la mise en marche *ex abrupto*). En fait, je me méfie de ce qui surgit du placard en criant Ah ! (ou Ha !). Il est certain que le retournement de gant a contribué pour beaucoup à distinguer la nouvelle parmi les genres narratifs brefs. Je ne crois pas que le trait conserve toute sa pertinence maintenant. De même avait-on cru séparer efficacement la nouvelle du conte en prêtant à la première un caractère réaliste (par opposition au merveilleux). L'histoire récente de la nouvelle nous montre plutôt qu'elle est devenue

---

3. Il est remarquable de constater que la principale exception à notre catalogue provienne de Suzanne Lantagne et d'Anne Legault, deux femmes de théâtre.

4. Gaétan Brulotte, « Situation de la nouvelle québécoise », dans *Le genre de la nouvelle francophone au tournant du xxie siècle. Actes du colloque de* L'Année nouvelle à Louvain-la-Neuve, *26-28 avril 1994*, sous la direction de Vincent Engel, Luxembourg, Phi / Frasne, Canevas / Québec, L'instant même, 1995, p. 35-47.

le haut lieu du fantastique[5]. Si j'affiche pareille méfiance, c'est que la règle de la surprise finale aurait pu tuer le genre. S'il y a surprise annoncée, où est la surprise ? Redoutant de céder à une mécanique haïssable, suivant laquelle la nouvelle s'écrirait *à l'envers* (sur le modèle de cette énigme, vite résolue par Héraclès, où un voleur de bétail avait fait marcher des bœufs de reculons pour brouiller la piste), les nouvellistes ont ouvert le champ des possibles. Le trait dénotatif peut donc relever de la relation polyphonique qu'entretient le texte avec le recueil (donnant à voir un agrégat de fragments proche du roman, comme chez Maurice Henrie, Jean Pelchat ou Anne Legault). Ou emprunter à la forme de la suite symphonique (comme les *tableaux d'une exposition* anglaise proposés par Christiane Lahaie avec le motif itératif de la promenade[6]. Ou toucher aux frontières indécises du poème en prose, comme aiment le faire Roland Bourneuf et Diane-Monique Daviau. Ou jeter ce qui ressemble à un prélèvement, une biopsie, une ponction de réel susceptible de livrer une existence et sa face cachée, à la manière de Claudine Potvin. Ou s'articuler sur le va-et-vient entre la terre d'origine et le *hic et nunc* d'après l'exil, comme chez Olga Boutenko et Wilhelm Schwarz. Ou s'achever sur une énigme (plutôt que de la résoudre), comme nous en propose Pierre Ouellet.

Ou...

* * *

Ma fréquentation enthousiaste de la littérature fantastique m'a évidemment amené à me questionner sur la réalité —

---

5. Fût-il construit sur la *mimesis* du réel.
6. La présence du texte à relais dans *Insulaires* (Québec, L'instant même, 1996) me permet d'évoquer l'œuvre pour piano de Moussorgski.

j'allais dire *la réalité de la réalité.* Que l'univers puisse, comme l'affirme Borges, tenir dans une bibliothèque ou les taches d'un jaguar produit sur moi un double effet : d'une part, le réel ne peut exister que par le contrepoids de la fiction, la seconde se tapissant comme un félin tout à côté du premier, sinon se dressant devant lui, opaque et invisible à la fois ; d'autre part, le réel, par ce que j'en apprends grâce à la fiction, est sans doute plus vaste que l'idée que je m'en fais. Ma vie est soumise à une étrange oscillation : pendant qu'une partie du monde peu à peu m'est révélée, une autre se soustrait à mon entendement. J'envie parfois ceux qui ont la foi, mais vraiment, pour l'accès au savoir qu'elle semble durablement ménager ; j'envie aussi les superstitieux, qui voient des signes partout. Je ne dispose pour ma part que de ma foi, *appliquée* — comme on dit, assez péjorativement, de la science —, petite et pleine (la pérennité de l'amour ; mes enfants ; la littérature ; la justice sociale ; l'adverbe, qui corrige la rugosité du verbe). Il me suffit d'ouvrir un manuscrit pour baigner dans le doute.

Il y a, dans le monde de Bossuet, une assurance cosmique (un cosmos rassurant, susurre le chiasme penché sur mon épaule) redevable de cette foi dont je suis dépourvu — ou que j'ai refusée, je ne sais plus. Je dors désabrié — mais ne dors pas. Je rêve, mais me réveille avant la fin. Un tatoueur me travaille le dos, il s'appelle Kafka, mais qu'écrit-il donc, bon sang ? Mon histoire est hachurée, je suis un fragment qui, dans ses bons jours, se prend pour une synecdoque — la partie pour le tout —, porteur d'un prénom affichant la marque du pluriel dans l'espoir que des gilles accumulés il en sorte un — moi. Mes respects, monsieur Bossuet, mais je n'irai pas à votre petite fête, je suis retenu ailleurs et ne sais pas où. Je me sens comme un neutron dans une montre suisse, un suisse dans une cage à aubes. Les étoiles sont de nouveau des mouches à feu épinglées sur une voûte de velours. Si j'étire les bras, je toucherai à la fin du monde.

La lune saigne, et c'est tout[7].

* * *

J'écris ceci dans un autocar, nous roulons dans la plaine enneigée du pays mascoutain. La lune, pleine hier, ce soir démesurée et sanguinolente. Finie et incomplète. Je mourrai incomplet. Je ne meurs pas, je n'en ai pas le temps. La lune saigne, j'arrive à dire « je suis ». Mais je sens que tout sera bientôt à recommencer.

* * *

Parfois cela me suffit, cette petite lueur jetée sur le monde. De même, la nouvelle, démesurée (mais à l'inverse : minuscule), sanguinolente. Elle ne dit pas grand-chose. Elle recommence. Elle chuchote, elle crie. Elle fleure l'inquiétude. Et moi qui cours, qui dois afficher l'assurance devant mes étudiants, parce que tenir le parti contraire les bouleverse et que cela m'est interdit — bouleverser, du haut d'une chaire.

Voilà pourquoi je leur raconte le cycle thébain, je parle d'archétypes pendant que Sophocle abat les cartes : le roi, la reine, encore le roi, les frères ennemis, le mage aveugle, la sœur opiniâtre. Il ne reste à Œdipe d'autre choix que la cécité pour enfin y voir clair. Le mythe est aveuglant de clarté, la lune me suggère le symbole de la sphère. « Récit des commencements, des temps fabuleux », prévoit la définition. Parlant autant de maintenant que d'autrefois, n'est-ce pas, Herr Sigmund ?

---

7. Un petit haïku avec ça ?

La nouvelle ? Toute petite, fragile, mais s'y entendant à isoler le protagoniste pour lui faire des misères. Combien de fois ne se dérobe-t-elle pas, enfant farouche se repliant sur elle-même ? Combien de fois ne me demande-t-elle pas de prendre le relais ? Voilà pourquoi j'estime important de parler de la nouvelle à mes étudiants. Qu'ils soient des relais à leur tour.

Je porte tout de même le bâton du pèlerin !

UNE UTOPIE LATENTE

Je mesure maintenant combien en nous lançant dans l'aventure éditoriale nous étions portés par une utopie latente : nous comptions changer le paysage éditorial en y introduisant un élément nouveau, une donnée *nouvelle*. Ce sentiment était partagé par plusieurs, certains se présentant parfois explicitement comme les « défenseurs de la nouvelle » ou travaillant à une « défense et illustration de la nouvelle ».

Ce militantisme, je le vois à rebours comme sain dans la mesure où il était porteur de sa propre rétribution, pour peu que demain ne ressemblât pas à une duplication de maintenant, d'un *nunc* frappé de canitie. Il trahit notre appartenance à une génération qui trouvait son exaltation dans l'aventure collective (tous ces auteurs que nous toucherions et pour lesquels nous aménagions un espace inexistant). En même temps, le sentiment d'être engagés dans une action difficile aurait pu nous piéger, et le militantisme se retourner sur lui-même, une fois ouvertes les premières portes. Du moins, le fait d'être identifiés à une pratique éditoriale a-t-il fini par rendre toute action parallèle suspecte : ne pas accorder le prix Adrienne-Choquette de la nouvelle de 1991 — j'étais du jury — a été perçu comme une trahison[1] ; on a fait la moue, et tout près de nous, quand nous avons publié notre premier roman.

Ma génération est préoccupée d'orthodoxie. Elle a traversé le marxisme à gué, ceux qui s'y sont mouillés l'ayant par la suite pour la plupart renié... d'abondance ; elle a communié à des magazines et à des périodiques dénonçant tous les révisionnismes ; elle a lu saint Breton, essayiste hors pair et généreux dans l'anathème ; elle a pris quelques expressos à la santé des temps modernes.

Bref, tout inclinait à ce que nous créions une orthodoxie sous couvert de modernité.

Contre cela, contre ce que recelait notre engagement derrière *la cause*, il fallait réagir. On voit d'ici quelle arme nous aurions retournée contre nous-mêmes, dans ce nouvel épisode de la Querelle des Anciens et des Modernes, si nous avions été pris de fixité, obnubilés par les débats passionnés à propos de ce qui semblait ne pouvoir advenir que par le combat.

Je nous ai parfois imaginés, nouvellistes de ma génération, vieillissant satisfaits d'être membres du Club de Nous-Mêmes, poursuivant notre œuvre entre nous, derrière la palissade étouffante mais commode du domaine national[2], ressassant nos années de hardiesse quand nous faisions trembler la phrase en la rivetant d'une syncope, contents de nous alimenter de l'image que chacun renvoie des autres. Je ne veux pas ici présumer de l'absence forcée de renouvellement de la part des écrivains qui estiment avoir fait le coup de canon en s'affichant pour le genre mésestimé ; je mesure trop bien à quel point l'existence reconnue d'un genre, ayant de surcroît des paramètres nationaux

---

1. Il vaudrait mieux couronner une œuvre qui n'est pas à la hauteur de l'excellence que doit honorer un prix ?
2. Le nôtre présente de surcroît le désavantage d'être somme toute petit.

identifiables[3], passe par le partage de traits communs et par la création d'instances comme en sont les comités de lecture, les revues, les chaires universitaires et les colloques. Ma crainte tenait à ce qu'en voulant aérer le paysage littéraire nous ayons l'inconscience de tout refermer sur nous, sur des réseaux de complaisance en affichant COMPLET. Nous étions parvenus sur la scène littéraire et nous aurions limité à une génération, la nôtre, à une esthétique, l'espace que nous avions réussi à définir et à occuper.

C'est dans le but de nous désenclaver (fût-ce à l'avance !) que nous avons publié *La lune chauve* de Jean-Pierre Cannet, un texte fort, un imaginaire insolite (des enfants partis dérouler la mer à dos de rhino ou noircissant des bouleaux de cirage à chaussure, ça ne se trouve pas sous le sabot d'un âne), une manière étrangère de jouer du verbe. Connaissant la propension de nos auteurs à se lire entre eux, au nom de la formidable amitié littéraire dont nous ne voulions garder que les aspects favorables, au nom de l'émulation vivifiante qui ne pouvait manquer de produire des échos, nous nous savions en présence d'un livre choc.

Des traces de cette onde de choc, maintenant visibles, prouvent que nous avions vu juste[4].

---

3. Par exemple, je ne crois pas que l'on trouve ni dans la nouvelle française ni dans le roman québécois une suprématie du tissu narratif telle qu'il finisse par quasiment exclure les marques dialogiques, par les absorber.

4. Puissions-nous travailler assez longtemps pour que l'effet inverse se manifeste, que l'on comprenne en Europe francophone le parti qu'il y aurait à puiser dans l'expérience québécoise. Nous ne nous cachons pas que c'est la partie la plus difficile de notre pari d'élargir l'aventure de *L'instant même* hors des balises nationales. Les liens de coédition restent souvent assujettis à des préalables pour nous difficilement acceptables, notamment quand ne sont recevables, aux yeux d'éventuels partenaires de coédition, que les fictions conformes à l'idée que là-bas on se fait de nous, peuple baragouineur

On a parfois mal compris ce désir d'ouverture — surtout que nous allions remettre ça avec Douglas Glover, Alistair MacLeod et d'autres Canadiens —, comme s'il devait se faire au détriment des manuscrits québécois. Il est difficile de justifier comment le nationalisme peut s'exprimer dans le souci d'excellence, de transcendance, ce dont on ne peut juger que si l'on a la précaution de multiplier les valeurs de référence[5].

Le protectionnisme intellectuel est rassurant : restons entre nous, je publie un livre, que ma tante Rita lira avec fierté, on

---

mi-humain mi-sapin. Cette attitude métropolitaine illustre à quel point le lien colonial ne se rompt pas aisément. Je crains que les écrivains franco-européens ne souffrent du même vertige dès lors qu'ils sont mis en présence d'un québécisme — qui est tout de même, dans certaines circonstances, ce que nous avons inventé pour décrire dans notre langue les particularités de la vie ici, en Amérique. Comment être sensible alors à ce que nous défendons, dans la vie de tous les jours comme dans *Nous aurions un petit genre*, la hardiesse syntaxique, la phrase modelée au gré des impératifs d'un genre soumis à son urgence ? Notons que l'on sait ici aussi être insensible à ce qui se produit ailleurs : pour un livre canadien ou franco-européen qui n'émane pas de vedettes consacrées, il est extrêmement difficile d'obtenir un petit coin de presse ou de librairie. Qui dira jamais les mérites du lyrisme d'un MacLeod ? Qui parlera de la façon étrange et familière de Huggan de verser *le sanglot de l'homme blanc* ? Qui montrera comment Engel est à construire une mythologie personnelle héritée des vieux fantasmes hébreux ? Faudra-t-il que nous fassions à notre tour l'expérience de l'impasse vécue par Pierre et Michelle Tisseyre découvrant un Robertson Davies dans l'indifférence générale ? Le même auteur nous revient-il dans une édition française que nous nous écrions tous *Au génie !* Le lien colonial est difficile à rompre d'un côté comme de l'autre.

5. Il est par ailleurs facile de comprendre comment L'instant même peut avoir cette préoccupation politique : le fait de travailler hors du centre littéraire national, Montréal, et dans un domaine restreint du spectre éditorial nous fait abhorrer tout enfermement, fût-il douillet. De plus, le fait de vivre dans ce qui pourrait être la capitale nous amène naturellement à souhaiter l'établissement de liens extraterritoriaux.

parlera de moi dans le canard du samedi, on me jugera à l'aune de ce qui est coutumier, quelqu'un dans le couloir, avec amitié et congratulation, dira m'avoir vu dans le journal (ou à la télé, qui est infiniment mieux).

Non !

Il n'y a pas de *littérature-québécoise* ; la littérature québécoise est une portion de la littérature, celle qui me passionne, celle dont le tumulte m'excite, mais. Il est suicidaire pour un écrivain de chez nous d'être strictement identifié au domaine national quand on connaît la méfiance que notre lectorat entretient à l'égard de la production d'ici, quand la réforme de l'enseignement collégial prononce le désaveu tacite de ce que nous écrivons. Il y a une littérature narrative aisément reconnaissable, comme le sont la tourtière et la crosse de violon. Elle est déjà écrite, les thèses à son propos sont déjà dans les bibliothèques, ce qui est fort bien.

Il y a maintenant.

On a les utopies qu'on peut.

NOUVELLE ET RENOUVELLEMENT

L'idéologie québécoise a un temps construit une image idyllique de l'autarcie, notamment par le biais du roman de la terre. Notre époque appelle plutôt à l'échange. Dans cette perspective, Louis Jolicœur plaidait en 1991[1] au nom de l'intérêt primordial que présentent pour nous, Québécois, les cultures périphériques. Il a depuis lors eu l'occasion de montrer comment, à une échelle individuelle, il associe le travail de traducteur à celui de l'écrivain, au nom de ce qu'il définit, dans *La sirène et le pendule*[2], comme une impulsion de plaisir, celle qui lui a donné accès à un texte qu'il estime indispensable de nous redonner, avec *nos* mots, qui sont aussi les siens.

Je devine, sans la connaître, cette communion qui l'a fait passer par Juan Carlos Onetti[3] pour trouver Jolicœur, le traducteur-auteur se trouvant dans une position privilégiée pour vérifier sur sa propre écriture et son imaginaire ce phénomène

---

1. Dans une conférence qu'il donnait au Grand Théâtre de Québec.
2. Louis Jolicœur, *La sirène et le pendule. Attirance et esthétique en traduction littéraire*, Québec, L'instant même, 1995.
3. Louis Jolicœur a traduit trois romans de l'écrivain uruguayen (*Le puits, Les adieux, Une nuit de chien*, tous parus chez Christian Bourgois et repris par l'U.G.E. dans la collection « 10/18 ») avant de publier son premier recueil, *L'araignée du silence* (L'instant même, 1987).

d'irradiation que mon propos ramènera à l'équation première, à savoir une perspective culturelle globale.

Dans le contexte actuel des empires culturels, dont les États-Unis sont l'exemple achevé, superlatif, il me semble que notre développement passe en partie par la découverte de pratiques et de savoirs issus de sociétés ayant des points communs avec la nôtre, que ce soit pour la démographie, pour le statut politique particulier des minorités adjacentes à de tels empires ou pour l'usage symbolique que fait un peuple de sa nordicité. Ou pour toute raison dont nous ne soupçonnons encore rien : c'est parce qu'il avait rêvé de Chine et de safran que l'Occident s'est un jour réveillé en Amérique — dans ce qui aurait pu être le jardin des merveilles, si vous voulez l'avis du gourmand que je suis et qui ne peut pas concevoir un monde dépourvu de tomates, de patates et de chocolat, trois apports du Nouveau Monde.

Cette déclaration, cet appel à l'ouverture sur l'inconnu répond à une préoccupation originelle de L'instant même. Elle émanait d'abord de fervents lecteurs de nouvelles qui ont dû assouvir leur faim ailleurs, notamment chez les Hispano-Américains.

Citer Borges, c'est une chose ; se placer volontairement et modestement dans la trajectoire du maître en est une autre puisqu'on y a pris une leçon d'écriture, la plus belle, celle qui vous révèle à vous-même et vous dote d'une sensibilité nouvelle, d'un regard neuf sur l'univers. Le premier à le faire chez nous aura été Claude Mathieu, érudit d'une intelligence profonde et grand maître de la syntaxe. Comme il publie *La mort exquise* en 1965[4] dans l'arène du joual, son travail est assez fraîchement reçu et tombe rapidement dans l'oubli.

---

4. Chez Pierre Tisseyre. Notre édition date de 1989. Elle est redevable du travail de conservateur qu'avait su accomplir le professeur Maurice Émond

Dans sa préface à notre réédition de *La mort exquise,* Gilles Archambault voit en Mathieu non seulement un borgésien mais aussi un mandiarguien. Cette double filiation à l'Argentin et au Français ne constitue-t-elle pas en soi une réponse à une problématique particulière des écrivains du Nouveau Monde : dire l'Amérique (et bien d'autres choses) dans une langue européenne ? L'avenue ainsi ouverte est vaste et je suis fasciné par cette période de notre histoire littéraire lors de laquelle, simultanément et avec des palettes linguistiques opposées, autant Mathieu que les tenants du joual nous ont offert des propositions esthétiques fortes. D'une part, notre littérature fouillait le creuset du référent local (je pense entre autres à l'odyssée gaspésienne des Bédard dans *Pleure pas, Germaine* de Claude Jasmin et au Montréal de *La chair de poule* d'André Major) ; d'autre part, Marie-Claire Blais, Hubert Aquin et Réjean Ducharme entreprenaient des aventures langagières exemplaires alors que, dans l'isolement, Claude Mathieu supprimait volontairement ce référent[5] au profit d'une grande métaphore réitérée de l'activité intellectuelle.

_____

dans son *Anthologie de la nouvelle et du conte fantastiques québécois du xxᵉ siècle,* parue chez Fides en 1987. Je ne comprenais pas qu'un écrivain de cette qualité me fût inconnu. Je ne l'acceptais pas. Il fallait que le livre existe de nouveau.

5. La seule mention à Montréal renvoie à sa bibliothèque, ce qui me paraît hautement révélateur de la position borgésienne de l'auteur sur la question du référent. Dans un panorama littéraire dominé par le réalisme, voire le misérabilisme, Mathieu abordait le registre fantastique, sans ambages, sans chercher à s'en excuser par un repentir à saveur explicative.

* * *

Claude Mathieu fait figure de précurseur[6] et il faudra attendre pour qu'apparaisse clairement l'attrait fondamental, générateur de la nouvelle québécoise à l'égard des cultures périphériques de l'Amérique d'en Bas. Il fallait en effet que, dans l'extrême exiguïté de notre tradition littéraire pour ce qui a trait à la nouvelle, tradition qui reposait davantage sur le conte, encore près des sources populaires comme chez Honoré Beaugrand, ou moderne comme chez Yves Thériault et Jacques Ferron, il fallait chercher ailleurs les balises, les exemples, les impulsions qui nous faisaient radicalement défaut. À la manière de Mathieu, que l'on ne connaissait pas, la nouvelle québécoise moderne s'est édifiée sur des bases différentes de celles qu'offrait le répertoire national. Si bien que les lecteurs contemporains se sentent *dépaysés* en présence de ces prédécesseurs qu'Adrien Thério a exhumés dans ses anthologies[7] au même titre que devant le pittoresque cher à Louis Fréchette ou à Pamphile Lemay. Nulle trace non plus, dans la nouvelle québécoise actuelle, de la forme de nationalisme inscrite dans la tradition littéraire québécoise. Il aura fallu passer par l'Argentine pour faire québécois !

---

6. À mon sens, ce rôle est tragique : le précurseur est condamné à la solitude. Il *court devant*, il annonce, il parle une langue que l'on n'entend guère. Claude Mathieu écrivait à contretemps : trop tard venu si l'on considère la nature de ses préoccupations stylistiques (à une époque plus soucieuse de propositions sociales et de nationalisme) et trop tôt venu eu égard au fait qu'il a précédé de beaucoup notre engouement pour le réalisme magique.
7. Adrien Thério, *Conteurs québécois, 1900-1940*, Ottawa, Les Presses de l'Université d'Ottawa, 1988, 209 pages. *Conteurs canadiens-français (1936-1967)*, anthologie colligée par Adrien Thério, Montréal, l'Hexagone, coll. « Typo », 1995, 411 pages.

Objectivement, pour raconter la genèse de la nouvelle québécoise, il faudrait élargir le champ de recherche et considérer derechef comme terreau potentiel une littérature qui est davantage lue chez nous que toute autre, y compris la littérature nationale, y compris la toute voisine littérature étasunienne, dont on me pardonnera de ne pas entreprendre ici d'en démontrer l'importance[8]. Du moins c'eût été logique que pour combler les lacunes, les zones vierges de notre littérature, l'on puisât dans le vaste répertoire français, d'autant plus que quelques événements fortuits me laissent croire que de-ci de-là on considère la littérature québécoise comme un appendice (malade) de la littérature française, du fait que nous écrivons à peu de choses près dans la langue métropolitaine, mais sur un sujet dépourvu d'intérêt : nous.

Quiconque fréquente un peu les librairies, et plusieurs plutôt qu'une, aura constaté les problèmes de classement que pose l'existence d'une littérature nationale écrite dans la même langue qu'une des littératures les plus en vue dans le monde — du moins était-ce le cas de la littérature française jusqu'à récemment encore. Dans certains établissements, on a choisi de mettre à part notre production avec la visée d'ainsi lui

---

8. Outre les auteurs mentionnés en page 53 pour leur intérêt à l'établissement d'une mythographie américaine visible dans notre littérature, il convient de rappeler la livraison d'*Études littéraires* (vol. 8, n° 1, avril 1975) consacrée au thème « Littérature québécoise et américanité », l'ouvrage collectif *Québécois et Américains. La culture québécoise aux XIXe et XXe siècles,* sous la direction de Gérard Bouchard et Yvan Lamonde (Montréal, Fides, 1995), de même que les travaux de Simon Harel, Robert Major, Pierre Monette, Pierre Popovic et Guildo Rousseau. La question de l'américanité est aussi au cœur de l'essai récent *Ni avec eux ni sans eux (Le Québec et les États-Unis)* d'Yvan Lamonde (Québec, Nuit blanche, 1996) et de l'ouvrage collectif *American Dream 1930-1995* (sous la direction de Jean-François Côté, Nadia Khouri et Dominique Michaud, Ottawa, Les Presses de l'Université d'Ottawa, 1996).

prêter existence ; ailleurs, on a isolé non pas le pays mais la langue, faisant de toutes les littératures écrites en français, belge, suisse, haïtienne, ivoirienne, maghrébine, acadienne, québécoise, un domaine commun.

À l'époque où j'étais libraire, j'ai eu à me poser cette question. Si L'instant même entend faire coexister des nouvellistes de diverses origines (avec une très nette prédominance québécoise tout de même) dans une même collection, sous une maquette unique, c'est que la notion de genre prévaut chez nous sur toute autre ; en librairie, je croyais devoir agir autrement, respectant en cela le mode de classement de ceux qui m'y avaient précédé : il fallait isoler la littérature d'ici, sans quoi elle aurait été noyée dans un ensemble trop large. Il me semblait essentiel d'afficher son existence, même si parfois cela nous a valu la vindicte de clients outrés de voir la France reléguée au rang de domaine littéraire étranger. Ce qui était le plus difficile alors à défendre devant le lectorat bon teint était la littérature québécoise. Aux yeux de certains lecteurs, elle n'avait pas droit à l'existence et l'avis exprimé avait parfois d'assez désagréables relents de dénégation de soi.

Il y avait à mes yeux dans le regroupement indifférencié en librairie de toutes les littératures d'expression française quelque chose qui relève du fantasme, de l'illusion des provinciaux qui ne comprennent pas, qui n'admettent pas leur inexistence dans ce qu'ils ont placé au ciel de leur univers, un centre pour lequel ils éprouvent pourtant tant de respect, de vénération parfois, et qui ne leur rend qu'indifférence.

(Si l'on n'est pas convaincu de ce que j'avance, l'on consultera les statistiques d'exportation : nous sommes dérisoirement absents des librairies françaises, en dépit des efforts conjoints des éditeurs et des offices gouvernementaux voués à la diffusion internationale de la Fleur de Lys inc. À l'inverse, l'édition française occupe ici deux fois plus de parts de marché que l'édition nationale, l'essentiel de cette partie congrue étant redevable moins à la littérature qu'aux livres pour la jeunesse — qui en sont parfois — et aux livres pratiques, tels les guides d'observation de la nature et les ouvrages qu'on range dans la catégorie de la psychologie populaire. Je renvoie aussi aux journaux, aux émissions de radio et de télé : je ne crois pas qu'on y snobe les auteurs français.)

Persuadé qu'on ne naît pas écrivain mais qu'on le devient parce qu'on a d'abord pris connaissance de l'existence de la littérature[9], de sa grandeur, de sa beauté, de sa prétention à vouloir, contre toute logique, dire l'indicible, je suis prêt à tester l'hypothèse suivant laquelle la littérature française devrait avoir ici un rôle déterminant puisqu'on nous l'a enseignée. Sans doute serait-il même dans l'ordre des choses que la littérature québécoise croise comme un satellite autour de la littérature française. L'ordre de grandeur (qui fait loi dans bien des domaines) ne le commande-t-il pas ? N'admettons-nous pas nous-mêmes cette hégémonie lorsque nous sentons le besoin d'accompagner nos particularités lexicales de leurs équivalents français, au moyen d'un glossaire, ou quand nous faisons carrément disparaître les premières au profit des seconds ? Et n'y a-t-il pas une force d'attraction des cinquième et sixième arrondissements telle que les écrivains québécois rêvent en secret de publier chez Gallimard et de faire un brin de causette avec Bernard Pivot ?

La métaphore du satellite ne résiste pas à l'examen, à moins que l'on imagine l'odyssée d'un appareil erratique qui

---

9. Il ne faudrait surtout pas que l'auteur se croie original. Jean Giraudoux avançait que l'on n'écrivait jamais qu'à la suite des autres. Et ajoutait, avec humour : « Mais qui donc a écrit le premier livre ? »

continuerait de recevoir les signaux de sa base terrestre, mais se verrait incapable d'émettre ses propres messages. Pour l'édition française, le Québec présente de l'intérêt en sa qualité de marché, et encore n'est-ce la plupart du temps que comme point de chute de ses queues de tirage, la France ne réalisant ici que moins de 5 % de son chiffre d'affaires éditoriales.

Dans le champ de la nouvelle, l'influence française me semble assez ténue pour la raison sans doute que la France n'a pas honoré ses nouvellistes, ne les a pas fait connaître, un rien condescendante à l'égard du petit genre et de ses praticiens. Vous me direz qu'il y avait d'autres autels à fleurir : roman, poésie, théâtre, essai. Surtout, l'évolution de l'édition française nous apprend qu'elle-même prenait ses distances face à la production locale, la part d'auteurs *hexagonaux* ayant sans cesse reculé devant l'afflux d'auteurs traduits. À titre d'exemple, la maison Actes Sud, un des fleurons actuels de l'édition de France et de Navarre, s'est construite bien davantage grâce à Nina Berberova, à Paul Auster et aux auteurs scandinaves que par l'œuvre d'un Raymond Jean ou d'une Claude Pujade-Renaud. Cette ouverture, que je réclame pour nous et que je ne songe pas à considérer comme préjudiciable dès lors qu'elle concerne la France, traduit un déplacement des pôles d'attraction auquel nous avons été sensibles. La génération actuelle de nouvellistes québécois aura tout de même lu les *magistraux* auteurs du réalisme magique par le biais de la traduction ! (C'est donc à la France que nous devons la connaissance soudaine et déferlante d'une autre Amérique.) En publiant bientôt des anthologies irlandaise et portoricaine et en entretenant d'autres projets de même eau, L'instant même ne fait en somme que chercher à créer des relais du même type que ceux qui ont présidé à la naissance de notre nouvelle moderne.

* * *

Faute d'exemples dans les domaines québécois et français, d'où les nouvellistes actuels tiennent-ils leur propension pour un genre dont ils ont provoqué l'existence envers et contre les éditeurs et la critique[10] et dont ils doivent défendre la précaire existence ?

Nous sommes quelques-uns à être nés entre la Guerre et la Révolution tranquille. Le monde de Claudel, de Sartre, de Camus et de Gide ne nous satisfait pas totalement. Non plus que celui de Savard, de Roy, de Hébert et de Ringuet. Ou plutôt il nous paraît possible de leur adjoindre des mondes extérieurs. J'ai l'âge du *Petit Catéchisme*. Puis j'ai eu l'âge du joual. En même temps, un peu à mon insu, j'avais celui des anthologies. Or de quoi étaient-elles faites ? De nouvelles anglo-saxonnes ; de nouvelles hispano-américaines. Louis Jolicœur faisait valoir que nous ne lisions la littérature latino-américaine que depuis vingt ans, pour la raison que c'est à cette époque que les traductions françaises ont commencé à paraître de façon conséquente. Les professeurs font ce qu'ils peuvent, je le sais d'expérience. Nos amis font mieux. Ils nous parlent de Borges, Bioy Casares, Cortázar. Nous découvrons que Guy de Maupassant et Edgar Poe (qui est presque devenu un écrivain français en passant par les mains de Baudelaire et de Mallarmé), que ces deux figures tutélaires de la nouvelle n'en sont pas l'alpha et l'oméga. Mieux : la nouvelle existe. Elle existe partout, à défaut d'avoir dans les pays francophones une place

---

10. Il m'arrive de croire que le résultat le plus tangible de dix ans de travail éditorial est de maintenant pouvoir lire un article où l'on parle d'un recueil sans que le critique se sente le besoin de justifier son intérêt pour le genre ou sans qu'il nous fasse part de la mauvaise humeur qui l'a assailli quand il a vu la mention générique sur la page de titre.

prépondérante (quoiqu'il ne faille pas négliger l'œuvre des Ghelderode, Ray, Ramuz, Boulanger, Delvaux, Aymé et Béalu : ce serait une grossière et ridicule erreur, comme le serait tout parti pris périphérique exclusif au nom duquel nous entreprendrions de bouder la France et les États-Unis).

Imaginez notre frénésie, notre appétit ! Existent non seulement Péribonka, Saint-Joseph-de-la-Rive, le faubourg à Mélasse, Saint-Germain-des-Prés, Montparnasse et Clochemerle, mais des pays que, dans leurs vertes années, Tintin et Bob Morane avaient découverts pour nous.

Nous ne sommes pas tenus de faire comme Yves Thériault (ou comme personne : en inventant le genre de toutes pièces), mais nous pouvons nous placer dans la foulée de Borges, Bioy Casares, Buzzati, Tchekhov, Carver, Moore. (Je suis conscient que ce postulat heurtera les sensibilités farouches.) Mais combien plus difficile était la position d'un Claude Mathieu, un écrivain des années soixante, le premier d'entre nous à avoir senti l'appel d'air borgésien : son parti pris, exogène pour ce qui a trait à la tradition nationale, lui a valu d'être relégué dans un purgatoire d'où nous n'arrivons pas totalement à le faire sortir — le *nous* désignant ici L'instant même, qui a réédité *La mort exquise*. La critique de l'époque s'était montrée plutôt réservée, quand elle n'était pas nettement fermée devant une esthétique forcément étrange puisqu'elle lui était inconnue ; celle d'aujourd'hui accueille le livre comme il nous paraît le mériter, mais avec la timidité qui la caractérise dès qu'il s'agit de littérature pure, et pas de spectacle médiatique. Et encore nous a-t-il été reproché de faire fausse route en choisissant de rééditer un texte insolite dans le cadre historique même qui l'avait vu naître, alors qu'il aurait été tellement plus seyant de proposer aux lecteurs d'aujourd'hui un auteur parfaitement accordé à son époque. Il vaut parfois mieux être dépourvu de talent, et naviguer dans le sens du courant...

* * *

La lecture commande aux écrivains. Je lis pour suppléer mes carences sensitives. Je lis parce qu'un écrivain me parle du bruit des pas sur une dalle de béton et, qu'autrement, je n'entendrais pas le bruit des pas, ceux-là comme les autres et les miens, et n'y verrais pas une partition précieuse de la musique que l'univers compose pour moi et parfois avec moi. Je marche dorénavant aussi parce que cet écrivain, Peter Handke, m'a enseigné la marche sur une dalle de béton.

Dans sa conférence, Louis Jolicœur évoquait la difficulté posée par les ambiguïtés dont Juan Carlos Onetti truffe ses textes. Il parlait en qualité de traducteur. Comment pouvait-il, dans le roman *Les adieux,* ne pas en dire plus que le texte original ? Comment ne pas trahir Onetti quand celui-ci laisse courir les choses sans les dire ? Il m'a semblé que l'activité d'écrivain de Louis Jolicœur lui permettait de sentir avec une acuité accrue ce qui dans le roman d'un autre relève de la stratégie, par le fait que dans sa propre pratique d'écrivain, il fait lui-même œuvre de stratège. L'intention d'Onetti me semble non seulement un calcul stratégique, une façon de jouer le texte comme aux cartes on cache parfois ses atouts, mais aussi une indication ontologique. L'ambiguïté est probablement chez lui autant une finalité qu'un moyen, autant une réalité dans l'ordre de la matière écrite que dans celui de la psychologie des personnages. Dites-moi, Jolicœur, comment expliqueriez-vous l'ambiguïté présente dans votre propre nouvelle « Quelques centimètres au-dessus des choses », un texte profondément métaphysique qui sème des incertitudes sur l'identité des personnages et sur ce qui incite le protagoniste à suivre une tête blonde, des cheveux sales dans un quartier inconnu de lui et susceptible de lui être néfaste ? J'imagine la discussion qui pourrait s'ensuivre, le calcul différentiel des ambivalences, la part de conscient et d'inconscient à l'œuvre, la lecture souterraine d'Onetti — celle du choc — coexistant avec la lecture professionnelle — celle du repérage de ce qui doit traverser la marge qui sépare l'espagnol du français et qui, çà, peut sauver l'esprit du texte, là, doit en sacrifier la lettre pour que survive ce qui en fait de la littérature (son rythme, son souffle, telle souplesse, telle rigidité de la phrase) en même temps qu'une création personnelle. Car nous exigeons de Jolicœur qu'Onetti soit reconnaissable, d'une fois sur l'autre, aussi bien en français que dans le texte d'origine.

Cette histoire de parenté me semble exemplaire. Claude Mathieu ? Peut-être écrivait-il parce qu'il avait besoin de Borges pour devenir Claude Mathieu, parce que nous trouvons parfois notre propre résonance dans l'accent d'un autre. Qui a lu me comprend.

*   *   *

Nous n'avons en ce pays d'autre choix que la modestie. Il a fallu que les écrivains se laissent amener dans d'autres contrées que la littérature de langue française pour investir aussi massivement la nouvelle. Cette rencontre est aussi culturelle que littéraire dans la mesure où nous importions, avec le genre, une façon autre de poser l'être dans le monde (dans le néant ?), de poser les mots dans la phrase. Et de poser notre propre réalité américaine.

S'il est vrai que nos nouvellistes ont lu les Hispano-Américains (ils n'en font d'ailleurs pas mystère), il me semble théoriquement improbable qu'ils s'en soient tenus au plagiat ou à l'imitation, pour la raison que notre société a peu à voir avec la société argentine, peu à voir avec l'exil, que les conditions objectives de la pratique littéraire chez les gens de la génération que j'évoque n'ont rien de comparable avec celles des écrivains que j'ai nommés. Oh ! bien sûr, j'ai déjà vu dans la touffeur d'Horacio Quiroga matière à une étonnante inversion climatique qui ferait du Haut-Paraná le reflet aberrant de la Haute-Mauricie ! (Après tout, « maringouin » n'a-t-il pas été emprunté à la langue tupi-guarani ?)

J'ai conscience d'exiger un acte de foi de plus en plus considérable, de présenter l'écrivain comme quelqu'un qui ne devrait rien à lui-même, et tout à d'autres (des étrangers, de surcroît !) ou à sa famille sociale. Le beau portrait que voilà ! C'est que je crois qu'à cette importation volontaire, désirée, des formes et d'une certaine vision du monde, nos écrivains ont su joindre une matière, des motifs particuliers, ce qui dans la nouvelle, à l'égal du roman, de la poésie, du théâtre et de l'essai, raconte notre histoire.

C'est à nous qu'il appartient de le faire.

CHAPITRE D'HUMEUR SUR
LE CHAUVINISME

« Bonjour, L'instant même. Mon journal enquête sur l'édition en région. Ça fait tout de même un an et demi que je ne vous ai pas appelés à ce propos. »

Certain humour, loin de s'affadir à l'usage, à la longue gagne en piquant et en comique. Le sujet de l'édition régionale est de la même eau, désopilant, et tellement qu'il fait rire même ceux qu'on charge de le traiter. « Vous trouvez-vous avantagés ou désavantagés par le fait de travailler à Québec ? »

Je suis tenté de répondre qu'en retire forcément un avantage quiconque vit à Québec. J'ai Québec en vénération. Sa beauté me berce, me porte, me secourt, donne un cadre à mes émois. Même quand elle est laide, ma ville est belle.

Les livres, on pourrait les faire partout. L'alphabet latin a fini par se rendre à Québec, la grammaire et le dictionnaire itou. La poste pourvoit au reste et il n'est pas *a priori* défendu de faire des livres dans une agglomération qui, à défaut d'être le principal marché du livre au Québec, compte, en raison de sa structure socio-économique, sa large part de lecteurs attentifs aux productions réputées difficiles — ce que L'instant même s'obstine à publier.

J'ai un jour participé à une conférence lors de laquelle un directeur de distribution s'est moqué des habitants de la *vieille* capitale, me priant au passage d'excuser sa franchise : il expliquait que nous étions assez lents sur la détente, sous prétexte qu'un titre qui obtient du succès à Montréal n'est pas assuré de la pareille à Québec. Ou qu'il y arrive avec un certain décalage. (Trois heures plus tard à Québec.) Durs de la feuille, nous comprenons tard (ou ne comprenons pas) ce qu'est un succès. Et y contribuons donc assez mal.

Je n'étais pas blessé, mais ravi. Ravi de ce que la grande machine commerciale puisse se heurter à la diversité des sensibilités culturelles — ce qui n'enlève rien à personne, sinon à ceux qui trouvent le bonheur dans l'uniformité. Ravi de ce qu'un livre, dans certaines villes, dispose peut-être encore d'un quart de soupir pour exister, une fois le prime tumulte de la presse terminé. Je parle pour mon clocher : faute de grande machine commerciale, L'instant même doit pouvoir compter sur ce battement pour qu'une œuvre s'installe. J'ai un jour décidé de travailler pour mon clocher, même si je pressentais ce qu'il en coûte de se tenir à l'écart du montréalisme qui règle la vie de nos lettres.

À la manière de Pierre Bourdieu, appelons « instances de légitimation » ces aréopages, presse, revues spécialisées, université, colloques, qui consacrent une œuvre, un auteur. Il arrive parfois que les mêmes personnes officient simultanément à plusieurs autels[1], ce dont plusieurs éditeurs ont compris l'avantage en s'adjoignant des profs de haut niveau : l'étude

---

1. Ce que je ne saurais leur reprocher puisque j'enseigne et joue à l'éditeur, après avoir tâté de la critique et de la chronique. Le plaisir, la plénitude professionnelle passent parfois par l'éparpillement apparent ; le professionnalisme passe parfois par le plaisir.

104

des formes à laquelle se consacre l'universitaire s'avère indispensable dans l'étape de la préparation du manuscrit, là où les commentaires visant à des corrections doivent rendre compte du tout (ainsi : la structure, la tonalité narrative, la montée dramatique) et de la partie (tels traits de caractère, telle description, tel fait de langue, l'oscillation du dialogue et de la narration, par exemple). Les nouvellistes ne parlent pas tous la langue de Gérard Genette, de Mikhaïl Bakhtine ou d'André Belleau et rares sont les discussions que nous tiendrons dans ce langage ; il reste qu'en travaillant avec un Corriveau, auteur avec Normand de Bellefeuille d'un essai croisé sur la littérature et les discours adjacents, *À double sens*[2], l'on s'engage dans une œuvre qui, par le fait qu'elle conjugue l'instinct et le savoir, qu'elle concilie plusieurs aspects discursifs, exige de l'éditeur davantage qu'une appréciation empirique. Et ménage des zones de plaisir intellectuel intense.

Des réseaux se créent donc, on fait *cin cin*, on se donne rendez-vous au prochain colloque, au prochain jury, ou en classe, ou en ondes, ou au bistro. On est humain, quoi, l'éloge et le verre à la main. On entre dans une dynamique centripète, l'amitié vaut bien le jugement à l'aveugle.

Il y a moyen de faire autrement, notons-le, de vivre dans le maquis sans l'avoir pris, ou de contourner le corporatisme[3] des

---

2. Hugues Corriveau et Normand de Bellefeuille, *À double sens. Échanges sur quelques pratiques modernes*, Montréal, Les Herbes rouges, 1986.

3. On aura compris que je n'en souhaite pas la disparition, que je prends moi-même plaisir à la fréquentation de mes semblables. Je me borne à en constater l'existence et à l'inclure dans ces facteurs qui, pour être placés en marge des qualités intrinsèques d'un texte, me semblent cependant devenus indispensables à son succès, à son entrée dans l'histoire. Ainsi, si un livre n'est jamais mis au programme, sa survie me semble hautement problématique.

gens de lettres, ce à quoi parvient la littérature populaire, en jouant parfois d'ailleurs sur la culpabilité de ceux-là : on écrira un premier article sur un auteur en racontant que la presse, trop snob, ne daigne jamais en parler, ce dont n'a cure le *vrai monde* ; un second papier, visant à l'équité, recensera le bouquin. Pendant ce temps-là, sont rejetés sans vergogne des livres et des auteurs jugés trop intellectuels, trop littéraires.

* * *

Je cède moi-même à la badinerie en prétendant que l'enquête sur l'édition régionale relève de la farce. La toute première fois qu'on nous a abordés à ce sujet s'est en effet avérée utile : nous ne nous étions jamais arrêtés au fait que l'on puisse accoler l'horrible étiquette *en région* au travail de L'instant même. À l'époque nous nous percevions plutôt comme des éditeurs de la nouvelle, ce dont on nous excusera vu que nous ne faisions que ça. Nous nous définissions par un genre littéraire et nous éprouvions déjà assez l'apathie médiatique qu'il suscite pour rechercher de surcroît l'exclusion géographique. Car s'il est possible de faire des livres partout, il en va tout autrement de leur commercialisation. Ce qui vaut pour ces écrivaines, Chrystine Brouillet, Marie Laberge, Monique Proulx, qui ont choisi de quitter leur ville natale pour se créer une véritable carrière à Montréal, voire à Paris, n'est pas moins vrai pour un éditeur que l'on accueille à telle émission de radio, et sans malveillance aucune, par ces mots : « Vous ne publiez que des auteurs de Québec, n'est-ce pas ? », pour une maison dont on a, pendant longtemps, bien peu parlé dans les *grandes* émissions de radio ou de télé sinon sous la mention « Ce livre a paru dans la collection L'instant même ». Sommes-nous assez chatouilleux de faire la différence entre *éditions* et *collection*... Sommes-nous assez paranos d'imaginer que le lapsus vient déqualifier[4] le *petit* genre qui fleurit au loin, dans la bourgade.

À l'époque où je collaborais à l'émission *Book Club* et au magazine *Lettres québécoises*, je me félicitais du serein anonymat dans lequel il m'était loisible de parler des livres, loin des coteries. Donc de parler des livres. Ne connaître personne et n'être connu de personne, quelle paix pour le critique en herbe que j'étais. J'étais encore suffisamment provincial pour ignorer que la bible qui fonde certaines écoles critiques est le carnet d'adresses. Cette paix fleurait bon la liberté. Ce principe de réclusion protectrice se trouve cependant inapplicable quand on veut vendre des livres et les faire entrer dans l'histoire — nous avons encore cette prétention surannée. Que notre distributeur soit basé à Saint-Laurent pour acheminer nos livres partout au Québec et qu'il fasse de même pour le Boréal et le Seuil ne change rien à l'affaire. Nous sommes-nous désenclavés en publiant Benacquista que l'on s'est senti obligé de faire accompagner l'éditeur en ondes par quelqu'un de Montréal — qui connaissait l'auteur, « Vous avez rencontré Tonino Benacquista. Comment est-il ? », ce qui, on pense bien, ne saurait être le cas de l'éditeur[5]. Une maison d'ici devient-elle chef de file dans son domaine que c'est en Europe qu'on remarque la chose[6].

---

4. Ma saute d'humeur vise à faire en sorte que le mot *disqualifier* ne puisse être ici employé.

5. Qui n'arrive décidément pas à se convaincre de l'intérêt primordial que cela présente.

6. Quel éditeur de langue française a publié quarante recueils de nouvelles depuis 1993 ? Qui a tâté tout à la fois du recueil solo, du collectif, de l'anthologie, du recueil illustré et du recueil bilingue ?

* * *

J'étais à Québec depuis plusieurs années quand on m'a expliqué qu'il était impossible de s'y établir, de s'y intégrer, de s'y faire des amis. Comme je n'avais éprouvé aucune de ces difficultés, m'y sentant chez moi dès le moment où je m'y suis installé, on m'a fait valoir que tous mes amis étaient probablement Chicoutimiens, Beaucerons ou Nord-Côtiers. Le destin m'avait fait échoir dans le royaume des chauvins sans que je ne m'en aperçoive — et, visiblement, sans que ceux-ci ne le constatent !

Au royaume des chauvins l'on se sent parfois bien seul, car si la moindre plainte que l'on formule à l'égard de l'exclusion montréaliste[7] usuelle est jugée irrecevable en raison du présumé chauvinisme qui la fonde, l'on n'est pas en retour forcément dorloté chez soi. Le fait de travailler à Québec, dans la ville où logent deux des trois principales revues de littérature (*Québec français* et *Nuit blanche*), qui vit une véritable renaissance de l'édition « privée » avec l'essor, chacun dans sa sphère, de MultiMondes, du Loup de Gouttière, d'Arion, de Nuit blanche éditeur et du Septentrion, le fait de se trouver ici n'offre en effet aucune garantie que la presse locale sera attentive à nos productions. Il y a même chez nous l'exercice de ce que je qualifierais de chauvinisme à rebours : ne parlons pas

---

7. L'on vous trouve trop éloigné pour vous agréer sur le forum de la littérature, ce qui en cette époque des communications virtuelles est tout de même étonnant. En m'écriant de la sorte, je méconnais une aporie géométrique pourtant simple : Montréal se trouve plus loin de Québec que l'inverse (et ainsi de suite : Paris est plus éloigné de Montréal que l'inverse). Le phénomène ne nous est pas exclusif : en quittant le sixième arrondissement pour le quartier de la place d'Italie, les Presses de la Cité se sont trouvées excentrées dans Paris même.

des nôtres, de peur d'être accusés d'inceste. S'il fallait donner prise à la perception que les autres se font de nous... Car le danger existe : une journaliste, de Québec, propose à son chef de pupitre, de Montréal comme sa gazette, de recenser un de nos livres. « Vous ne craignez pas le conflit d'intérêt ? » lui rétorque-t-il. Imaginons qu'on transpose cette subtilité éthique à propos d'un livre paru à Montréal... Cela ferait la fortune des critiques de Rimouski, de Trois-Rivières et de Chicoutimi (où l'on enseigne aussi la littérature...).

C'est donc de Québec, de la bouche d'un animateur vedette de la radio, qu'émane la perle suprême à notre endroit : au terme du topo sur l'essai de Rémy Charest sur Robert Lepage, l'animateur a rappelé que le livre avait paru aux éditions Alain Stanké. L'erreur était minime, et j'ai mauvaise grâce à la rapporter sous prétexte de fournir un moment de rigolade, puisque *Robert Lepage : quelques zones de liberté* a paru aux éditions Alain Stanmême.

*   *   *

Le journal qui a cette bonté de travailler sur les *régions* nous appelle : « Dans la prochaine livraison, nous parlons de vous. Vous prendrez bien de la publicité ? » Le bât blesse : nous ne voulons pas faire parler de nous ; nous voulons que l'on parle de nos auteurs, de nos livres.

*   *   *

En me lançant dans *Nous aurions un petit genre*, j'avais le dessein de parler de la nouvelle et des conditions objectives de son existence. Et d'identifier des facteurs d'exclusion qu'un éditeur aurait bien mauvaise grâce à accumuler. Cela passe parfois par la subjectivité la moins recommandable, celle qui incline à la dénonciation de certaine pensée obtuse selon laquelle le travail éditorial mené hors du centre littéraire relèverait forcément de l'amateurisme sympathique. Ou de la passion — sympathique, *bis* —, dont je ne conteste toutefois pas la réalité. Nous craignons trop que s'établisse une homologie du type *Québec serait à Montréal ce que la nouvelle est au roman* pour privilégier la veine régionaliste. Nous ne pouvons pas imaginer notre catalogue sans les *Nouvelles d'Irlande*, les *Nouvelles mexicaines d'aujourd'hui* et les recueils des Benacquista, Cannet, Engel, Burnard, Glover, Heighton, Huggan et MacLeod. Les livres ne sont pas des citoyens dans une ville donnée. Le sort a simplement voulu que les Beaumier, LeBrun, Pellerin et Taillon se rencontrent à Québec et donnent libre cours à leur désir d'y publier des nouvelles. La chose était possible ailleurs, comme le prouvent éloquemment *XYZ* et *Stop*. Elle l'est ici aussi.

Au fait : L'instant même n'est pas sympathique. De cela non plus il n'a pas les moyens.

L'ÉCRIVAIN D'ÉPINAL EN HABIT
DE JEUNESSE

Depuis sa création, L'instant même s'est trouvé associé à l'expression des voix nouvelles pour des raisons qui tiennent et ne tiennent pas de sa volonté. Il était fatal qu'en contribuant à la pratique d'un genre négligé nous nous soyons retrouvés en présence d'écrivains appartenant majoritairement à la jeune génération et privilégiant une façon neuve de dire le monde, de concevoir la littérature narrative.

Pendant un bref moment, nous avons cru avoir fait le choix de la forme, au nom de notre volonté de donner à un genre ailleurs fécond un espace convenable. Rapidement nous avons compris que c'était l'inverse qui se produisait : la forme, la nouvelle choisissait pour nous un certain type d'écrivains, d'écriture. Bien sûr, il est possible de s'adonner aujourd'hui à la nouvelle comme Maupassant ou Tchekhov. Dans une perspective éditoriale, la chose présente cependant assez peu d'intérêt, l'histoire littéraire ayant des exigences que nous serions mal placés d'ignorer : dans la sphère parallèle de la musique, quel intérêt pour un compositeur y aurait-il à refaire du Vivaldi ? Du moins quelque chose nous indique-t-il que ces types de textes, au millésime anachronique quand ils portent une signature contemporaine, doivent paraître ailleurs que sous notre label — lorsqu'ils arrivent à trouver chez nos confrères l'accueil que nous ne savons leur faire. En somme, en posant ses fanions — et cela se fait au gré des titres qui s'ajoutent peu à peu à un catalogue —, *L'instant même* annonçait qu'il privilégiait un ton, ce qui n'a rien d'original, la plupart des écrivains cherchant précisément cela dans l'exercice hautement fantaisiste qui consiste à jeter son imaginaire en pâture publique. Cela n'invalide pas la tentative que l'on pourrait faire d'être un nouveau Calvino, un second Thériault, un épigone de Ferron ou un descendant de Mérimée, à supposer que quelqu'un trouve à se glisser dans ces espaces gigantesquement occupés.

La presse ne s'y est pas trompée, déclarant, ce qui nous a d'abord ravis, que *nos* livres s'inscrivaient généralement dans une perspective de recherche, de renouvellement de la structure, bref qu'ils dessinaient un tableau où il était possible de percevoir un dessein. Ce qui revenait à dire qu'ils sont difficiles, l'avis ayant été souvent mentionné dans le même souffle. Nous avons alors pris une débarque dans l'échelle du ravissement ! Si cela a eu pour effet de libérer le comité de lecture de sa ration de récits de terroir écrits sur le modèle de *M'as vous conter des histoires du temps oùsque vous étiez pas au monde*, il n'est pas sûr que nous y ayons gagné à tout point de vue. Ainsi seule la plus folle imprudence m'incite à confesser que les chroniques d'une rigueur annoncée ont aussi écarté de notre catalogue des écrivains nous avouant qu'ils redoutaient nos critères de sélection et entrevoyaient la phase de révision comme d'inéluctables travaux forcés au terme desquels leur œuvre trouverait enfin grâce à nos yeux sévères.

Ce n'est pas ainsi qu'on peut espérer vendre des livres. Or nous faisons profession de vendre ce que nous éditons. C'est laid, très. Nous estimons néanmoins que ne pas tenter de donner à nos auteurs un lectorat raisonnablement vaste pourrait à la longue conduire à leur assassinat. Aussi sommes-nous préoccupés par le discours idéologique qui clame partout les mérites de la facilité et de la nounounerie, tourne les intellectuels en dérision et, pire, méconnaît totalement la dimension artistique de la littérature. Ne dit-on pas un peu partout que nous pratiquons les vertus (ascétiques !) contraires ? Nous cherchons à faire connaître nos écrivains parce que s'en tenir à la stricte diffusion de l'œuvre nous paraît illusoire. Je ne vous dis rien de notre consternation devant le cirque médiatique qui exige d'un écrivain qu'il soit une carte de mode, qu'il sente le fond de tonne ou qu'il ait la repartie provocante et drôle. Dans ces conditions, est-il possible de faire le pitre ou de correspondre à l'image d'Épinal actuelle de l'écrivain tout en construisant une œuvre qui ne soit pas éventuellement piégée par ces exigences extralittéraires ? Est-il possible de ne pas souscrire aux impératifs de l'*entertainment* culturel (ou tout simplement d'être timide, laid, mal fagoté ou bègue) et d'espérer avoir des lecteurs dans les semaines qui suivent la parution d'un livre et qui décident de sa survie ? Est-il seulement possible de continuer à écrire en sachant qu'on ne sera lu que par hasard et par ma tante Rita ?

J'introduis cette perspective d'exiguïté commerciale pour la raison qu'elle me semble devoir être un facteur que l'on aurait le plus grand tort de pudiquement négliger. Il n'affecte pas seulement les jeunes écrivains ; il pourrait toutefois avoir sur eux des répercussions catastrophiques. Nous ne sommes pas les seuls, paraît-il, à souhaiter vendre nos livres. D'autres prennent même les moyens pour y arriver. Que font-ils au terme d'une décennie prise de folie qui a vu se multiplier le nombre de titres et diminuer les tirages, la combinaison des

deux tendances, inévitable dans un marché relativement sta-
gnant, provoquant inflation et réduction de la marge bénéfi-
ciaire ? De plus, que sont-ils forcés de faire quand leur *produit*
atteint une hauteur de prix qui le rend vulnérable (en comparaison avec d'autres biens symboliques ou tout simplement les
biens de consommation), dans le contexte d'une crise économique qui rend les acheteurs prudents, presque radins devant
le livre ?

Posez ces questions à un expert financier et il vous parlera
de rationalisation, d'assainissement, de restructuration, de con-
solidation. Cela se traduira par des compressions de personnel
(auxquelles les grandes sociétés éditoriales françaises se sont
spectaculairement adonnées, mais dont nous avons été chez
nous épargnés pour la raison qu'on ne congédie pas des simili-
bénévoles), par une réduction du nombre de titres, l'élagage se
faisant le plus logiquement du monde du côté des auteurs
inconnus et des genres « mous ». Qui osera bientôt *attendre* un
auteur le temps qu'il trouve le lectorat assurant à son éditeur le
seuil de la rentabilité ? Et comme la tendance est à la commande, que demandera-t-on aux écrivains et à qui confiera-
t-on le soin d'écrire le livre au succès escompté ?

Se trouve-t-il quelqu'un plus mal placé que moi pour aborder cette problématique ? Je souscris à la logique de réduction
des titres, j'abonde même avec la critique qui déplore que trop
de rossignols soient publiés. Je hurle avec les loups, certes,
mais à condition que cela n'affecte pas nos livres et nos auteurs.
Car je rêve d'une maison qui accroisse radicalement sa production annuelle, qui soit sur tous les coups, qui découvre des
formules éditoriales neuves, qui contribue à l'éclosion du talent et qui trouve à vendre ses livres et ses auteurs. Tiens, je
parie que vous ne savez même pas que la plupart des bons

nouvellistes québécois publient à L'instant même. C'est dire si je remplis mal mon office...

Il me reste donc le rêve. Je me prends parfois à espérer que nous soyons un jour capables de *tolérer* des écrivains comme Mario Luzi à côté de flamboyants Eco, Calvino ou Fruttero. Il me semble parfois que cette prose ne peut exister que dans une littérature qui admette les vertus de la patience et de la délicatesse. Il faudra bien le reconnaître : notre spectre esthétique national demeure étroit. Moi-même je m'emballe devant une jeune écriture pour peu qu'elle soit *baveuse*, dans le sens que nous donnions au mot dans la cour de récréation. J'aime d'un manuscrit qu'il me mette au défi de *l'attendre après l'école*, qu'il me *paye la traite*, qu'il me *fasse passer par là*. J'aime l'imperfection comme j'aime Beethoven. Mais Montale, Luzi, tout de même...

La cour de récréation, tiens, c'est là sans doute que je devrais me planter, à l'américaine, les oreilles négligemment orientées vers les salles de classe de l'université nouvelle, qui fabrique moins des chercheurs que des écrivains, dans le cadre de programmes dûment enregistrés. Car ils veulent écrire, ces étudiants de lettres d'aujourd'hui ; et ils veulent enseigner la création littéraire, ces profs d'aujourd'hui, décrochés de Racine, de Balzac, de Maupassant et de Thériault. Ce n'est pas parce qu'on estime la chose difficile à enseigner que la création ne saurait éclore dans des lieux dont on se croit parfois autorisé à se méfier pour la raison qu'on y a traîné à une autre époque et avec des visées autres que celle de devenir écrivain et éditeur.

* * *

Je pense avoir été honnête en énonçant derechef que ce livre contient plus de questions que de réponses. En cela il ne fait que traduire l'état d'esprit permanent d'un éditeur. Nous

115

savons distinguer la réussite du succès : la première tient aux qualités intrinsèques d'un manuscrit au moment où il devient livre ; le second dépend de tout ce qu'il convient de mettre en œuvre pour que cette qualité soit connue de la presse et du lectorat. Nous arrivons à présumer du succès d'un livre, mais le résultat de ces présomptions accumulées confirme que nous ne sommes pas dans le domaine des sciences exactes... D'où le mouvement perpétuel des questions. À quoi attribuer le succès d'un livre ? Comment rejoindre les lecteurs qu'un livre mérite et qui méritent ce livre ?

Mes préoccupations se plaçant souvent en amont du commerce, j'ai été amené à me demander qui écrivait les livres.

Vrai : il m'arrive de lire. Trop souvent, j'éprouve le sentiment de me trouver devant un livre imparfait, non : incomplet, qui n'a pas atteint dans l'imaginaire l'espace où son auteur semblait l'appeler. La métaphore est lyrique, j'en conviens, mais l'espoir de bonheur suscité par le premier chapitre d'un bouquin vaut bien qu'on cède au lyrisme.

Quelle tristesse, dans un livre réussi, de buter sur un trait disgracieux, un tour maladroit qui rompent son unité, torpillent sa cohérence. Quelle douleur quand cela se produit dans vos propres livres[1]...

Mon malaise est cependant plus profond : je ne tiens ici aucun compte des livres qui n'auraient pas mérité de paraître, pour m'en tenir à ceux qui sont publiés sans avoir atteint leur accomplissement. Certains *petits vins* vous donnent l'impression d'être exactement ce qu'ils annonçaient et vous procurent

---

1. J'ai parfaitement conscience de me placer ici dans une position intenable : j'émets à titre d'éditeur un vœu de qualité dont on peut aisément vérifier si du moins celle-ci se retrouve dans mon travail de nouvelliste. J'en appelle à l'indulgence de mes collègues éditeurs-et-écrivains qui savent ce qu'il en coûte de travailler davantage sur la prose des autres que sur la sienne propre.

du plaisir — pas le délire —, un plaisir beau. Je les préfère à ces crus qui ne tiennent pas leurs promesses, qui sont des trahisons pour eux-mêmes.

Je crois que nous avons publié des livres dont leurs auteurs avaient toutes les raisons de se montrer satisfaits parce qu'ils avaient atteint la plénitude de leur nature spécifique, la plénitude qu'on peut attendre d'un écrivain à tel moment de sa carrière. Je dis la même chose des livres et des vins, qu'ils sont *pleins*. Je me les représente comme ronds, j'éprouve à leur endroit le sentiment synesthésique de la sphère.

Je crois savoir maintenant pourquoi trop peu de livres parviennent à cette plénitude relative[2]. Une telle précipitation colore la vie moderne et le monde du livre qu'elle a fini par s'imposer sur l'écriture, sur les nécessités de l'*œuvre*.

Je sais, j'exige ici des écrivains quelque chose qui relève de l'ascèse. J'entends la voix juste de Giono : « Un livre se fait assis[3]. » Pendant ce temps-là d'autres courent le monde et ses merveilles.

S'il ne s'agissait que de cela. Mais non : combien d'écrivains n'ai-je pas rencontrés qui s'inquiétaient du lancement, de l'identité de l'attachée de presse, des émissions de télé et du costard qu'on n'a pas, de l'inscription aux prix de fin d'année. Avant d'avoir terminé le livre ! « On vit en solitaire, aux prises avec une œuvre ; on n'en éprouve pas moins une

---

2. Je ne m'aventure pas dans l'absolu car cela nous mènerait au livre *parfait*, qui sans doute existe, mais pas à L'instant même. Je confesse même avoir publié des livres qui marquaient un recul par rapport à l'ouvrage précédent d'un auteur, mais qui devaient paraître pour que celui-ci close un aspect de son œuvre, à la suite de quoi je faisais le pari qu'il amorcerait un nouveau cycle de création dans la sérénité.

3. Jean Giono, « La pierre », dans *Le déserteur et autres récits*, Paris, Gallimard, 1973, p. 131.

grande curiosité pour le monde. Or il faut choisir. Un livre se fait assis. Il faut donc rester assis devant une table[4]. »

On n'en éprouve pas moins une grande curiosité pour le spectacle du livre, un grand espoir de succès.

* * *

J'ai souvent pu vérifier à quel point, en comparaison avec ce qui prévaut en Europe, il est facile pour un jeune écrivain de chez nous de trouver une niche dans une revue de création. Le dynamisme de nos périodiques littéraires et une certaine hardiesse de nos éditeurs[5] amènent vite l'écrivain sur la place publique. Malheureusement, l'avantage est passager : les Européens finissent par vieillir et ceux qui ont su accéder à l'édition ont des chances de construire une carrière. Ce qui est rarement notre cas : faute de ce qu'il est convenu d'appeler « la masse critique » dans le vocabulaire de tout de suite, nous sommes condamnés au juvénisme. À quelques exceptions près, tout est toujours à recommencer[6]. Un brave homme vient-il à publier ses mémoires ou l'histoire de tel événement fameux dans son milieu que l'on s'exclame. Quelle prouesse ! À côté de quoi le livre d'un écrivain[7] pourra passer inaperçu. À nos yeux, l'amateurisme trop souvent vaut davantage que l'œuvre.

---

4. *Id., ibid.*
5. J'y vois l'un des aspects bénéfiques de la culture nord-américaine : nous ne sommes pas totalement assujettis aux vieilles barbes, nous tolérons ceux qui n'ont pas de naissance.
6. Peut-être fais-je erreur et ce que j'attribue à l'âge n'est-il encore une fois qu'un phénomène attribuable au *petit genre.*
7. Puisque les écrivains de carrière (qui gagnent leur vie par le fait de l'écriture, sans devoir tirer leur subsistance d'un métier annexe) se comptent sur les doigts de la main, entendons le livre écrit par quelqu'un dont c'est une activité publiquement reconnue.

* * *

Je confiais un jour à Marcel Bélanger l'exaltation que j'éprouvais à travailler dans ce qui me semble *le temps des commencements.* Il m'a répondu qu'il faudrait songer à en sortir. Nous naviguons perpétuellement dans la mer des commencements. Voilà le problème.

Eh oui, voilà le problème.

* * *

Publier est d'abord un fantasme.

Des gens chaque jour nous appellent pour nous soumettre des manuscrits de poésie, une histoire de la balle-molle au centre récréatif Sainte-Balle. Quand nous leur répondons que nous ne touchons pas à ces champs éditoriaux, ils sont surpris, « Ah ? », ils nous demandent où envoyer leur œuvre, maisons, adresses et tout. Il ne leur est pas venu à l'idée d'aller en librairie voir ce qu'il en était. Il ne leur est pas venu à l'idée de lire.

J'ai un jour été reçu en entrevue dans un collège où je postulais un poste de prof. Reçu ? À coups de bâton, oui. Bon. Quelques mois plus tard paraît *Les sporadiques aventures de Guillaume Untel.* Je croise la personne qui m'avait étrillé et j'ai eu droit *à tous les égards dus* à mon nouveau rang. Non seulement cela, mais elle m'avait lu !

Tels sommes-nous devant un livre, tantôt absents, tantôt admiratifs comme s'il s'agissait d'une chose impossible.

Ainsi la rendons-nous impossible.

* * *

Quelle littérature nous donneront-ils, à nous lecteurs, à nous éditeurs, ces nouveaux écrivains émanant d'un apprentissage *diplômable* ? Si l'on considère que la production de fiction y est le plus souvent encadrée par un essai à caractère métalinguistique, une autocritique, un manuel d'instruction, le risque est grand que l'on y apprenne une littérature copieusement intentionnée et que s'y trouve légitimée la préséance de l'intention sur le résultat. Je vois à l'inverse, dans un cadre favorable à la conceptualisation, une chance supplémentaire consentie à cette littérature que l'on hésite à qualifier de *formaliste* tellement on fait présentement donner le cànon sur ses praticiens. Je voudrais surtout que l'on tienne le plus grand compte du modèle américain, tel qu'il est en usage à Columbia et à Iowa State, et que l'on intègre la lecture au processus de création et d'élaboration du style. Je craindrais qu'autrement le postulant s'érige comme sa propre référence, qu'il n'ait d'attention pour une œuvre que si elle émane de lui.

Il m'arrive de cataloguer les nouveaux prosateurs en deux groupes : ceux qui fouillent, au risque de s'égarer, dans des avenues peu ou bien fréquentées, cherchant leur voix en confessant écouter celle des autres ou en cassant l'image, la phrase, le récit ; du second groupe je n'ai rien à dire.

Je parlerai donc des premiers, du paradoxe qui consiste à aller voir ailleurs si j'y suis, ailleurs c'est-à-dire dans la forme, dans le parcours des grands et des petits astres qui sentent bon la lumière. Je parlerai de l'intuition qui leur suggère que la belle simplicité vient à ceux qui sont passés par la complexité et le désir de tout dire au mépris de la linéarité narrative. Bien sûr, ils confondent complexité et complication, ils troquent parfois la ligne pour le trou noir, ils me laissent épuisé au sortir du texte. Ces écrivains me rassurent dans la difficulté même qu'ils ont choisie : ils savent que l'imagination, l'invention narrative est autant affaire de phrases que d'histoire. Que la syntaxe règne sur l'un et l'autre paliers.

* * *

Je suis de ceux que les élucubrations du Conference Board amusent. Aussi ne sais-je pas répondre à la question qui est fréquemment posée à un éditeur qui devrait pourtant pouvoir y répondre puisqu'il fraie si ouvertement avec les jeunes écrivains et fait profession de publier le *jeune genre* : que sera la littérature de ce qu'il faudra tout à l'heure appeler maintenant ? Je ne sais parler que de mes souhaits : que la littérature narrative prenne la part du risque et que les jeunes nouvellistes deviennent aussi des prosateurs — car nous savons que cela est le contraire de la dépréciation.

Il faut un jour ne plus être un jeune écrivain, ne serait-ce que par respect pour soi.

LOIN DU TUMULTE, LES NOUVELLISTES

> Je me rappelle des êtres que je n'ai jamais
> rencontrés quand j'écris une nouvelle [...]
>
> René-Jean CLOT[1]

Quand j'étais enfant il est arrivé à mon père de me dire, parce que je m'étonnais que le fils d'un de ses collègues papetiers, parvenu à l'université, dût travailler à l'usine de papier pendant l'été « pour payer ses études », qu'un jour tel serait mon lot. Cette prédiction m'a semblé une menace que m'adressait l'avenir : le temps des jeux et des études primaires ponctuées quotidiennement par *Bobino* était condamné à le céder à celui du travail, dans un milieu pour moi forcément inhospitalier puisqu'il me privait de mon père et que je le pressentais comme un gouffre de bruit et de sueur.

La prédiction n'était pas vaine : je suis un jour passé par le gouffre — il fallait descendre une côte assez raide, la papetière étant nichée à flanc de colline près de la rivière. Le bruit et la

---

1. *131 nouvellistes contemporains par eux-mêmes,* ouvrage coordonné par Claude Pujade-Renaud et Daniel Zimmermann, Levallois-Perret, Manya/ Festival de la nouvelle de Saint-Quentin, 1993, p. 93.

sueur étaient au rendez-vous, et ces douleurs propres à ceux qui ne sont pas rompus au travail physique intense.

Mon père jouit de sa retraite depuis un petit moment, le papier m'a bel et bien servi à payer mes études et je noircis par mon travail une substance que je ne méconnais pas totalement. Aussi ai-je toutes les raisons de ne plus garder maintenant que les meilleurs aspects liés à cette usine où j'ai appris, avant même que d'y être conscrit, ce qu'est le *travail*, dans le visage gris et le corps fourbu des hommes de mon quartier.

Lorsque j'en ressortais, au terme de l'été, j'étais content de retourner dans les livres, de passer du papier journal vierge et brut au papier fin, imprimé et soigneusement massicoté, le second justifiant le labeur exigé par le premier à tant de papetiers qui ne comprenaient pourtant pas qu'on pût vouloir écrire. La chose me surprenait d'autant plus qu'en mettant en doute l'utilité des journalistes et scribouillards de tout acabit, au nombre desquels il me serait un jour donné de figurer, ils se trouvaient à nier leur propre travail. Nous fabriquions du papier journal et cela n'aurait eu aucun sens s'il ne s'était trouvé quelqu'un pour y écrire ce qui amène chaque matin l'univers dans les maisons, à côté du café et du pain grillé.

J'étais en quelque sorte mis pour la première fois au fait de la difficulté de perception du travail culturel, de la production des biens symboliques. Et encore, s'il est possible de se figurer les exigences de la scène, des arts de la représentation, le travail de l'écrivain reste abstrait, flou, pas du genre de ceux pour lesquels on organise des *journées portes ouvertes*. Non plus qu'on en tourne le *making of* par lequel on lance une télésérie contemporaine. Imaginez que vous visitez le *bureau* de votre écrivain préféré — Danielle Bombardier, à la télé, et le magazine *Lire* ont tâté de la formule. Que vous montrera-t-il ? Un ordinateur comme il s'en trouve dans toutes les maisons ? Une radiographie de son imaginaire suspendue à une corde à linge ?

Je ne fréquente pas les musées consacrés à des écrivains. Je ne sais plus combien de fois je suis passé à côté de chez Victor Hugo, sur l'admirable place des Vosges à Paris, sans avoir l'élémentaire politesse de monter le saluer. J'ai la chance de parfois aller sur la place des Vosges, mais je me rends alors peut-être davantage chez Henri IV, roi-maçon, que chez Hugo. J'ai trop peur que chez celui-ci on me montre des caleçons ou des dents de lait — quoique je ne dédaignerais pas, que non ! voir ses encres, lavis et dessins au marc de café. Par les bons offices de l'Union des écrivains soviétiques, j'ai pourtant dû payer à Tolstoï[2] une visite de courtoisie. Je n'en ai retenu qu'une chose, un fabuleux poêle de tuile émaillée. Il évoquait à mes yeux... l'*Oblomov* de Gontcharov.

Je crois qu'aujourd'hui il faut donner à voir ou à entendre. La foule remplit le Colisée de Québec pour un spectacle de camions montés sur des roues géantes. Ces engins ont un poids x, atteignent une vitesse y, développent z chevaux-vapeur. Ils font du bruit (k décibels), ils sont le reflet de quelque développement technologique récent qui permet à des choses de plus en plus grosses de filer de plus en plus vite et de bondir de plus en plus haut sur des pneus de plus en plus gigantesques. Quelle place la littérature pourrait-elle accaparer dans cette culture de l'inflation et du tumulte ? Quel siège a-t-on retenu à l'écrivain sur l'agora ?

---

2. Notez que je ne dis pas toute la vérité : chez Dostoïevski, j'ai été ému aux larmes par un papier, attribué à son fils, sur lequel il était écrit « Papa, je t'aime », papier que le fiston aurait glissé sous la porte de l'écrivain trop occupé pour entendre pareille déclaration. Décidément, papier et papa...

* * *

Quand on l'interroge on demande essentiellement au romancier de se placer à hauteur de ses personnages. Nous raffolons de la familiarité, pratiquons le tutoiement comme une garantie de notre ouverture d'esprit. Du même souffle nous assoyons côte à côte personnages et écrivains, êtres de papier et êtres de chair. Dites-moi, cher romancier, pourquoi, dans votre récent roman, la moman et sa fille ont-elles tant de problèmes à *communiquer* ? Pourquoi la mère est-elle si frette, si dure à l'égard de la chair de sa chair ?

Le monde de la morale s'est soustrait à celui de la fiction, on invite l'écrivain à prendre place au confessionnal public, le micro et la caméra s'apprêtent à saisir la vérité toute nue. S'il joue le jeu, le romancier répondra que patati et patata, qu'il ne la *sent* pas comme ça, la meuman, qu'elle a trouvé toute seule telle réplique cinglante à l'endroit du fruit de ses entrailles, qu'il n'y est en somme pour rien. « Moi aussi, elle m'effraie ! J'ai trouvé éprouvantes les dernières semaines passées en sa compagnie. Maintenant que le livre est publié, je la comprends mieux. » Il faut du plus vrai que nature, le romancier ne s'amène plus en entrevue qu'accompagné du personnage de la mère.

Sur l'agora on attend de l'écrivain qu'il soit ventriloque.

On cherchera ensuite à remonter du personnage à l'auteur, en voulant débusquer et délimiter ce qui lui appartiendrait en propre. La réalité ne dépasse-t-elle pas la fiction ?

Sur l'agora, toute œuvre est autobiographique. Que Flaubert n'a-t-il réussi à supprimer cet entendement de la fiction en déclarant « Madame Bovary, c'est moi ! »

Je crains que pareille présentation de l'œuvre narrative ne la desserve, en ceci qu'elle en dénature une des dimensions, fondamentale à mon sens, qui est d'être un produit de création, un recul qu'un artiste — et des lecteurs à sa suite — prend face à la réalité. Le texte narratif me semble en effet tenir autant, sinon davantage, dans la médiation que dans ce qu'il rapporte[3].

L'œuvre la plus réaliste est, au même titre que le conte de fées ou le texte fantastique, mais dans le souci de vraisemblance, une interprétation du réel. Je lis la fiction comme j'enjamberais une passerelle : d'un côté il y a mon entendement du monde réel ; de l'autre, je trouverai une coloration nouvelle de l'univers, par le fait de la conscience agissante d'un écrivain. J'ai parfois l'impression que l'on tient cette interprétation pour imitation, qu'on ne perçoit pas bien la dimension diégétique[4] de la narration, ce filtre plus ou moins avoué qui restitue le réel de l'autre côté d'une vitre teintée par la subjectivité narrative.

---

3. La mort : j'ai le choix de la côtoyer dans sa réalité (et le meurtre serait à cet égard un recours expéditif et sûr) ou de la lire dans la médiation que propose un polar ou toute autre forme de fiction. Dans le premier cas, quelqu'un meurt devant moi, je fais l'expérience de sa mort et de ma perte ; dans le second, la mort existe dans la distance que ménage une pensée, une esthétique. Ce que je connais de la mort dans sa réalité ne me plaît pas du tout, elle m'a privé jusqu'ici d'êtres qui m'étaient très chers, elle m'a plongé dans des désarrois profonds et durables. Dans le récit de la mort, je prends connaissance, en plongée, du désarroi d'un autre, je renouvelle une expérience inéluctable en compagnie d'un guide. J'accède à la mort par le biais d'une catharsis. Dans cet espace je ne suis plus seul.

4. Au théâtre, l'apparence du réel peut être telle que l'on choisira d'incarner le personnage par un acteur (une personne), que l'on *montrera* une porte en demandant à un menuisier d'en construire une *vraie*, placée sur la scène — on peut opérer autrement et demander à un acteur d'incarner un symbole, à un rai de lumière qu'on interrompt de signifier une porte que l'on referme. Désignant la porte, le personnage-actrice de l'amoureuse dira au personnage-acteur de l'amoureux, en le prenant par la main, « Suis-moi » et chacun comprendra que la suite relève de la recréation du cosmos. Le roman, la

Je crois que se trouve en cause le procès de représentation. La littérature m'est douce parce qu'elle donne le loisir, pour peu que l'on sache parler, d'investir d'une portée esthétique le langage usuel. Je trouve émouvante cette possibilité de recourir au même code que Louis Aragon pour faire partie du *monde réel* et pour le sublimer ou le soumettre à la nécessité d'une rime ou le loger dans un chapitre de roman. Cependant la littérature paie parfois bien cher son usage du langage de tous les jours. On lui dénie sa position de regard — fût-il réaliste — posé sur le réel. Des trois aspects saussuriens du signe (signifiant, signifié, référent), il semble que seul le dernier soit reconnaissable. Même le mot *prose* est péjorativement entaché par le sens de l'adjectif *prosaïque*, ce qui me chagrine quand, en présence d'un texte de Diane-Monique Daviau, j'aimerais dire publiquement et simplement que c'est de la prose, comme le prospecteur penché sur une pépite, qui ne trouve rien à dire, sinon : « De l'or ! De l'or ! »

Sous ce rapport la musique est souveraine parce qu'on exige rarement du son[5] qu'il reproduise le réel. Jamais l'image

---

nouvelle procèdent autrement : on lira que l'amoureuse, jamais incarnée, toujours réduite à quelques taches d'encre sur du papier, à une chaîne de lettres imprimées, a demandé d'une voix à peine audible à l'amoureux, timide, de la suivre dans une chambre derrière la porte de laquelle ils se sont allongés (à proprement parler on ne voit rien) comme au premier matin du monde.

5. Je dis bien *rarement* : il serait insensé de ne pas considérer les incursions dans le réel de la musique concrète, de certaines pièces électroacoustiques, de même que les travaux de Satie (la machine à écrire devenue instrument de l'orchestre), de Reich ou de Honegger à propos du train (notez qu'on reste dans l'évocation), ou de Gershwin (l'agitation à un carrefour). S'il faut dans ces cas parler de volonté mimétique, elle reste brève, circonscrite, assujettie à l'écriture pour orchestre. On a pareillement voulu entendre le coucou dans le cinquième mouvement de la *Symphonie pastorale* de Beethoven, ce contre quoi le compositeur en avait. Il ne voulait pas

qu'elle suscite n'est définitive. Presque toujours elle échappe au piège du référent. De la chanson folklorique à la superposition mahlérienne, la forme s'impose, la forme règne. La littérature : qui vit par le sens semble réduit à périr par le sens.

* * *

Je reste sceptique devant l'importance que l'on accorde à la dimension psychologisante de la littérature, à ce courrier du cœur par procuration. Sans doute accusé-je par cela ma prédilection pour un genre qui l'a à peu près exclue de son propos. En raison de sa brièveté, la nouvelle prête peu à ces épanchements publics sur le compte des personnages. La nouvelle n'a pas beaucoup d'égards pour la cause, elle loge dans l'effet. Elle lance ses personnages dans l'action et hors des considérations en leur criant de se débrouiller.

Je ne me plaindrai certes pas de ce qu'on ne demande jamais aux nouvellistes de sympathiser avec leurs personnages. Je crois cependant qu'en raison de cela, de cette inadéquation du genre avec la mise à niveau des émotions ressenties par les personnages et commentées par leurs auteurs, je crains que la nouvelle n'ait un certain mal à participer au spectacle médiatique. De quoi les nouvellistes peuvent-ils bien parler à défaut de cela ? Considérant de surcroît que par nature la nouvelle peut se dispenser du référent, du rapport explicite du texte à

---

ramener son écriture à une description ou à une reproduction de la nature. Son propos était, par exemple, de rendre compte de l'« Éveil d'impressions agréables en arrivant à la campagne », comme le veut le titre du premier mouvement. Quel que soit le titre qu'il lui ait donné, nous n'oublions jamais qu'il s'agit avant tout d'un *Allegro ma non troppo*, que la tonalité est de *fa* majeur et qu'il amorce la sonate pour orchestre qu'est une symphonie (avec un programme précis de présentation des thèmes), trois marques obligées du discours musical de cette époque.

une réalité perceptible (le divorce, l'inceste, le démon de midi chez les gars de quarante-cinq ans, les bars de la rue Saint-Denis, l'effet du tulle sur Marilyn Monroe), quel intérêt peut-elle bien présenter ?

L'éditeur s'intéresse au niveau des ventes qu'atteint un titre après avoir craqué pour les qualités du manuscrit. Il tisse une nécessaire équation entre les deux termes — quoique des observateurs cyniques puissent légitimement douter de l'existence d'une équation à *deux* termes. Pour ce qui est de la production nationale récente, il me semble que les meilleurs résultats soient généralement obtenus par des romans qui s'ancrent aisément dans la réalité (référence toponymique, historique, sociale). L'œuvre d'imagination pure — en supposant qu'elle puisse exister —, l'œuvre qui opère sur le langage dans une perspective interne à la substance des mots (sans miser au premier chef sur leur relation avec le tissu sociohistorique) me semble d'emblée défavorisée. En l'absence consentie, revendiquée de ces balises (par le fait de la brièveté et de ce qui la motive), la nouvelle peut difficilement faire le poids face à l'œuvre qui s'installe dans un lieu donné (Montréal, de préférence), dans une époque identifiée par des dates et une problématique donnée. J'ai un penchant pour le fantastique ; je ne méprise pas le réalisme pour autant. Je comprends que l'on puisse aimer mettre ses pas dans le monde qui a servi de pierre angulaire à un auteur ; pour l'avoir ressentie, je sais l'ivresse que l'on peut éprouver à fréquenter les lieux aimés par un personnage qui nous est cher ; comme nouvelliste j'ai aimé enrober tel lieu réel d'une aura de fiction ou l'ornementer d'un texte qui en serait l'écho. Il reste que sous ces différents rapports la nouvelle n'offre aucune garantie, qu'au contraire elle gomme à dessein les numéros de portes, — comme s'y emploie un Jean-Paul Beaumier. Si la nouvelle ne communie pas forcément à ces paramètres qui me semblent devenus indispensables pour que l'œuvre soit amenée sur l'agora, à l'échelle du recueil la structure tronquée finit par constituer un nouvel écueil à cette rassurante identification de la fiction au monde réel.

* * *

Je ne trouve pas grand-chose à dire sur l'écriture, sinon paraphraser Claude Roy : l'écrivain serait cet être qui « s'abstrait de la réalité pour nous la restituer, qui dans une réclusion volontaire et quotidienne s'arrache aux êtres et à leur chaleur, au soleil et à son éclat, pour évoquer ou célébrer avec des mots les êtres, le soleil, la nature[6] », qui préfère l'abstraction et la médiation à la réalité elle-même — ce en quoi il est rejoint par les lecteurs traînant sur la plage un roman dans lequel il ne sera pas question de plage. « Qui renonce méthodiquement à *être* pendant une partie de sa vie pour *imaginer* qu'il est[7]. »

Si j'en suis réduit à la citation à propos de ce qui occupe une grande place dans ma vie, je faisais en revanche, une fois l'été à l'usine terminé, preuve d'une grande volubilité à propos du travail de papetier ou d'écorceur ou de trieur ou de cordeur de pitounes que j'avais honni au moment où je devais l'accomplir. Cette sueur, cette douleur, je les avais détestées autant qu'à l'époque où j'étais enfant il me semblait qu'elles minaient mon papa. Une fois le travail éloigné de moi, comme la coupe de ciguë à laquelle j'aurais survécu, une fois les ampoules refermées comme des volcans éteints, j'éprouvais une sorte d'exaltation au souvenir du temple sombre du travail.

---

6. Claude Roy, *Défense de la littérature,* Paris, Gallimard, 1968, p. 10.
7. *Id., ibid.* Les italiques sont de l'auteur.

J'ai connu le tumulte qui préside à la naissance du papier. La tribune publique m'assourdit quand on exige de l'écrivain qu'il considère ses personnages comme ses enfants ou ses vieux potes. Il faudrait peut-être se remettre à la lecture. Mesurez ma chance : mon boulot exige de moi que je participe à la phase où le texte se fixe définitivement.

NOTRE LIVRE

Moi aussi, j'aimerais écrire des nouvelles, mais
je suis glacé devant les difficultés que j'aurais à
trouver une écriture pour m'exprimer.

Roland Barthes[1]

Inaccomplis, je me plais à retenir ce mot d'une conversation que j'ai eue, il y a quelques années, avec une amie,
éditrice *de grand talent et de petit budget* : selon elle les éditeurs seraient des écrivains inaccomplis. Je ne sais pas si le
terme a été réellement prononcé, s'il est le plus apte à rendre
la pensée qui m'était livrée ou si mon souvenir a composé ce
qui est le plus susceptible de me convenir. À vrai dire cela
m'importe assez peu. Ainsi formulée, la proposition me semble mériter qu'on s'y arrête.

Les éditeurs : des écrivains inaccomplis.

Dès que j'ai été associé à la publication d'un livre, j'ai
éprouvé quelque chose de semblable à ce que ressent l'auteur,
mélange de trac et de joie fébrile dont je retirais étrangement
la meilleure part. Le talent existe, je l'ai rencontré. Parfois

---

1. Roland Barthes, *Œuvres complètes,* Paris, Seuil, 1993, tome I, p. 979.
   Merci à Jean-Yves Fréchette pour le tuyau.

celui ou celle qui en est pourvu vous l'offre, comme ça, dans une émouvante gratuité. Vous convenez alors de vous pencher mutuellement sur un manuscrit, le livre à faire. Ne vous retournez pas ! Derrière votre épaule, on vous regarde : la littérature. Une phrase ne tient pas bien, j'ai des réserves à son endroit, je propose plus de ceci, moins de cela, ce qui revient à ne pas dire grand-chose, je risque un syntagme de remplacement, ce n'est pas tout à fait ça, l'auteur et l'éditeur parlent et en viennent à une synchronicité telle qu'on ne sait plus qui a le dernier mot, qui se met la phrase définitive dans la bouche, qui s'écrie : « Voilà ! On ne bouge plus ! »

Des nouvellistes ayant publié chez nous ont dû sentir quelque gratitude dans nos propos jetés, parfois spontanément, sur leur œuvre. Merci de nous donner à vous lire dans la fragilité de l'instant avant-dernier avant que ne paraisse le livre, que le texte ne se fixe dans sa pérennité. Déjà, à ce stade, la lecture peut tenir du bonheur. Elle est intense l'émotion qui saisit quelqu'un du comité de lecture quand le texte révèle toute sa beauté ou même, dans son inachèvement, l'esquisse de sa beauté définitive. Jugez du frisson que l'on peut éprouver quand on propose ensuite à l'auteur de corriger telle phrase au nom de notre désir qu'il s'y montre conforme à ce que l'ensemble du livre révèle de sa pensée, de son style[2], quand on a le sentiment de l'aider à se trouver dans sa prose. *Gnôthi séauton* : nous faisons alors ensemble le pèlerinage à Delphes.

---

2. Tel auteur pratique le chiasme avec aisance. Une phrase, moins habile, se présente dans la position où un chiasme serait bienvenu. Sur manuscrit ou sur épreuve, cela est encore possible. Quelle chance m'est ainsi donnée de suggérer ce qui n'entre que pour bien peu, certes, dans l'œuvre, mais contribuera au bonheur — j'insiste, qu'on m'excuse, je ne connais pas mot plus juste pour décrire l'émotion qu'on éprouve devant une *belle* phrase.

De l'or ! De l'or ! Je me représente les prospecteurs d'Amazonie, remuant la boue, triturant un limon que leur profanation rend impropre à la culture, puis découvrant, par miracle, une pépite. Le sentiment de la beauté doit être, en cet instant, absolu, même si le trésor, la matière brute souillée par la grise salive de la terre, ne trouvera sa finalité que par les mains d'un orfèvre. Une phrase retentit dans un manuscrit. Elle est déjà coulée dans sa sublimité, peut-être davantage que dans le bouquin, car alors, loin de la grande rumeur que l'on cherchera tout à l'heure à créer autour du livre afin que le bonheur d'expression rayonne sur le plus grand nombre, loin de l'agora, on éprouve le troublant sentiment de l'intimité.

Le bon manuscrit est là, terré dans l'amoncellement des textes qui étaient certainement bons quand leurs auteurs les faisaient lire à des amis enthousiastes (car telle était encore leur destinée), mais que le goulot de la sélection des comités de lecture condamne au refus. J'envie ce collègue — après avoir été, je l'avoue, un moment consterné par ses propos — qui prétend savoir après deux pages de quel bois se chauffe un manuscrit. Et qui retient un texte sur la base du *ton*. Je l'envie en raison du doute et de la terrible parcimonie avec laquelle je continue d'accomplir cette partie de mon office — parcimonie coûteuse pour tout le monde, en bout de ligne, dans la mesure où elle se traduit par l'accumulation d'immenses retards dans l'évaluation de ce que l'on nous soumet, de ce qu'on ne nous envoie jamais qu'avec l'espoir qu'il s'agisse de l'œuvre qui redéfinira la littérature tout entière. L'édition repose sur une logique paradoxale : tous les manuscrits sont des chefs-d'œuvre ; une infime part d'entre eux est publiée ; la critique trouvera aisément à pourfendre nombre de livres.

L'essentiel de ce à quoi s'emploie l'éditeur est donc stérile. De ce qu'il lit *professionnellement*, à peu près rien ne paraîtra.

Du limon il n'extrait rien. « Désolé. Votre travail ne nous convainc pas pour telle et telle raisons. » Il y a quinze ans, Élisabeth Gille me confiait que la collection « Présence du futur » ne publiait que trois manuscrits sur mille. La quasi-totalité de ce qui s'écrit se trouve ainsi renvoyée au néant. La quasi-totalité de ce qui a été lu l'a été en pure perte[3]. Mais gare à l'erreur ! Nous vivons dans la terreur d'*échapper* Proust ou Ducharme. Nous faisons la critique de ce qui n'existera pas. Nous adressons des refus à des gens à qui nous n'avons rien demandé mais qui attendent tellement de nous, la consécration, un livre, un encouragement, un avis, deux heures d'écoute. Aussi nous précipitons-nous avec ardeur dans la partie la plus féconde de notre travail, cette relation avec un écrivain, par manuscrit interposé, cette rencontre d'une individualité, parfois terriblement inquiète, avec une sensibilité, extérieure, celle que l'auteur considérera souvent comme la dernière à pouvoir intervenir avant que *le monde soit*.

Au nom du nécessaire regard extérieur auquel il convient de soumettre la prose en apparence la plus achevée, les éditeurs se lancent, gros sabots devant, dans un travail que je voudrais qualifier de sensible et intelligent, mais qui s'avère souvent terriblement bête : conjuguer les nécessités structurelles de l'énigme, la rigueur stylistique, les nuances psychologiques, les écueils idéologiques et la musicalité de la prose.

Puis l'écrivain est soumis à l'attente alors que l'équipe éditoriale se jette dans l'ardeur constructive : photocomposition, lecture des épreuves, choix de l'illustration de couverture, supervision de la fabrication, présentation du titre à l'équipe de diffusion et de distribution, mise en marché. Le livre paraît, il échappe à son auteur. Un écrivain comprend

---

3. Pas vraiment : les manuscrits refusés contribuent au portrait de la *doxa* tacite, comme je l'ai indiqué plus haut.

rapidement en effet le sens de *publier*, « rendre public », *publicare*, ce par quoi son œuvre se sépare de lui pour devenir le bien de la littérature, d'une collectivité, d'une époque. Et un peu de son éditeur, qui engage un label, qui se surprend à dire *notre* livre. Qui reçoit les félicitations des uns et des autres : « À L'instant même, vous faites de beaux livres. » Qui se rengorge. Et qui a tôt fait de se relancer dans la belle aventure qu'un autre livre lui procure. (Et l'auteur, là, dans le ressac qui suit les grandes joies, dans le vide par lequel on paie, cher, la création.)

On pourrait arrêter ainsi le tableau. L'éditeur réunit une somme que neuf fois sur dix il investira à perte sur du talent qu'il a le privilège d'inviter chez lui, accroissant du même coup le cercle de ses amis. Des amis qui ont, pour la plupart, le verbe haut, qui savent raconter des histoires drôles, terrifiantes, poignantes. Ne sont-ils pas nouvellistes ?

Les éditeurs : de doux fous engagés dans l'accomplissement des autres.

Les éditeurs : des mécaniciens.

Par la phase avant-dernière de ce qui mènera là, l'écrivain se trouve coupé de son désir, parfois inconscient, de perfection — ce désir qui l'amène à reporter le dépôt final de l'œuvre, à demander tacitement que s'éloigne de lui ce calice auquel il ne veut plus boire. Du manuscrit il convient maintenant de faire un livre et cela signifie pour le texte en soi le même passage, le même transfert que celui qui fait du texte dactylographié un texte prenant place à l'intérieur de la maquette intérieure ou qui fait d'une peinture de Paul Béliveau, tronquée, travaillée, la couverture de *La machine à broyer les petites filles* de Benacquista[4].

---

4. Si je retiens cet exemple parmi les autres, c'est en raison de l'homologie qu'il propose. Nous avions choisi dans la production de l'artiste une

L'éditeur a été charmé. L'auteur pourrait ne pas le croire quand il reçoit la version annotée de son manuscrit, tellement son texte a été soumis à un crible pervers, à des critères de minutie et à la police du verbe transitif, ce qui en fait un assemblage de feuilles raturé, taché, sali. Nous voilà en apparence dans l'antithèse de l'art, de l'inspiration, de l'écriture libérante.

À L'instant même, nous nous autorisons à manifester notre enthousiasme sur pièce. Comme nous acceptons que les commentaires jetés sur le texte par les membres du comité de lecture ne fassent pas l'objet d'un consensus, que soit portée à la connaissance de l'auteur la divergence de points de vue — dont nous croyons qu'elle peut éclairer l'auteur : sache qu'ici l'écriture a suscité l'ambivalence. Bientôt la critique se penchera sur la question et se prononcera impitoyablement devant quarante mille personnes. L'éditeur situe son travail dans l'antichambre de la critique. Nous refusons à la critique qu'elle

---

diapositive dont nous constatâmes à l'examen qu'elle portait un vilain rai lumineux. Nous ne pouvions refaire la prise de photo, cette toile ancienne ayant servi de support à une autre œuvre... Paul Béliveau profita donc de l'étape de correction de l'image digitalisée pour *repeindre* l'original et donner au personnage central un visage plus près de ce qu'il percevait dans le personnage de la nouvelle liminaire du recueil. L'éditeur est parfois celui qui s'avise de corriger le nez d'un personnage ! Le pire est que ce goujat prend alors beaucoup de plaisir à l'exercice. Je sais que pour ma part, cela a quelque chose d'iconoclaste : je ne me lance jamais dans le travail de révision éditoriale qu'avec respect (et une certaine révérence), d'où mon besoin concurrent de le désacraliser. De même notre graphiste a-t-elle pour mission de *traduire*, dans le langage visuel propre à une couverture, une image qui n'était pas destinée à orner un livre mais les murs d'une galerie ou d'un musée. En créant les éditions du Passeur, Claude Janelle et Jean Pettigrew ont rendu un fier service à ceux qui doivent parler du métier d'éditeur : avec un nom aussi éloquent ils en ont fourni la définition la plus succincte qu'on puisse imaginer.

s'arroge le pouvoir de la vérité ; nous savons que nous ne le détenons pas davantage.

Dans un livre il arrive que certaines phrases soient *données* aux lecteurs et c'est ultimement ce que nous recherchons, ces phrases. « Ceci est de la littérature », doit pouvoir dire un livre (sans jamais le dire, de surcroît). *La chambre à mourir* de Maurice Henrie est de la littérature, dès la première phrase, au delà de l'accident qui prive le grand-père de sa main. Ces dons, ces phrases que l'on s'empresse de noter dans un carnet, ces bonheurs d'expression, l'éditeur comptera parmi les premiers à les recevoir. Il y a une émotion très vive à lire dans l'imperfection dactylographique (ces temps sont presque révolus) la phrase qui sera le souffle chaud qui ranimera dix, vingt, cent âmes abattues par la prose des panneaux-réclame. Une émotion telle que, si elle était connue, je crois bien que les critiques et les profs viendraient nous chiper notre boulot !

* * *

L'éditeur reçoit un manuscrit ; il rend un *livre*. La mutation s'accomplit au prix de la disparition[5] des états antérieurs du texte. L'éradication à laquelle nous nous livrons rendra invisibles pour la postérité des éléments qui auraient pu éclairer la construction d'un récit, la constitution d'un personnage. L'éditeur se trouve à contribuer à ces soustractions qui mènent à l'œuvre, particulièrement dans un genre qui, comme la nouvelle, cherche à en dire le plus avec le moins de mots possible.

---

5. À moins que vous bénéficiez d'une édition critique du type de celle que présentent la Pléiade ou la Bibliothèque du Nouveau Monde (Presses de l'Université de Montréal).

Il faut lire la nouvelle éponyme du recueil *Mademoiselle O* de Vladimir Nabokov, pour la gratitude que le narrateur éprouve à l'égard d'un personnage qu'il a créé. Et pour cette réflexion qu'on voudrait proposer à tous les tenants de la piste autobiographique à tout crin : « J'ai souvent observé ce singulier phénomène de disproportion sentimentale lorsque, faisant présent à mes personnages factices non de grands pans de mon passé — j'en suis trop avare pour cela —, mais de quelque image dont je croyais pouvoir me défaire sans détriment, j'ai observé, dis-je, que la belle chose que je donnais dépérissait dans le milieu d'imagination où je la mettais brusquement. Cependant elle subsistait dans ma mémoire comme si elle me fût devenue étrangère[6]. » Je ne crois pas qu'on puisse dire mieux à propos de la médiation narrative à laquelle se livrent ceux qui font office de nous proposer un *milieu d'imagination*.

*   *   *

L'éditeur est l'ombre qui s'engage aux côtés de l'écrivain dans la difficile traversée du présent. Je me sens un dérisoire engagement à l'égard de demain pour qu'on y trouve la trace de la littérature d'aujourd'hui, y compris de celle qu'un écrivain ne pourrait hisser seul à bout de bras jusque dans la réalité[7].

---

6. Vladimir Nabokov, *Mademoiselle O,* Paris, Julliard, 1982, coll. « Presses Pocket », n° 2509, p. 7-8.

7. Ne le dites pas à notre comptable : il nous arrive de publier des textes dont nous savons qu'ils ne trouveront pas preneurs mais dont nous sommes persuadés qu'ils doivent exister comme il en a été, à l'état de manuscrit, dans la fragilité d'un soir de lecture. Il faut que l'avenir soit tenu au fait de ces textes.

Justice sera faite : qui se souviendrait de l'éditeur des *Fleurs du mal* s'il ne s'appelait Poulet-Malassis ?

* * *

L'on voudrait parfois enterrer l'image d'Épinal de l'*homme de passion* (l'époque à laquelle on fait référence était masculine), de l'homme du coup de cœur, incapable de la plus élémentaire arithmétique. L'idéal affairiste nous a donc rejoints, grugés, emportés.

Les éditeurs : les vendeurs du Temple.

Aucun des clichés ne tient. La réalité n'est jamais aussi simple que la mode. Envisager la synthèse de la passion et des colonnes de débit et de crédit pourrait relever pareillement de l'illusion.

Ce n'est pas qu'elle manque d'attrait, cette image de l'éditeur bicéphale : si j'établis la prépondérance de la passion, en l'absence de laquelle il ne me semble pas possible de travailler, là comme ailleurs, j'ai en revanche toujours cru, et le fait d'appartenir à la profession m'a renforcé dans cette conviction, toujours cru que l'éditeur n'a tout simplement pas le droit de se tromper sur le plan des affaires, pas le droit d'entraîner dans le gouffre tout un catalogue, des écrivains et des œuvres que l'on bradera comme si celles-ci ne valaient rien, comme si ceux-là perdaient les droits sur leur *travail* (je garde pour le moment le mot dans sa plus stricte... et illusoire neutralité) du fait de la mésaventure, de la malchance, de l'incompétence d'un autre. Ou de la rigueur d'une époque.

Rigoureuse, notre époque l'est. (Elle l'était pour Maurice Nadeau. Pour Gaston Gallimard. Michel Lévy.)

Il faut savoir écrire (ou faire écrire — que cela désigne le fait de passer commande d'un texte ou de l'engager dans sa mutation du manuscrit à l'œuvre) ; il faut aussi savoir compter. En apparence ça n'a rien de bien sorcier, chacun a connu des forts en thème capables de vous apprêter des logarithmes sur coulis de framboises. De fait, en cette récession qui n'en finit plus, les bilans financiers des éditeurs québécois soutiennent avantageusement la comparaison face à ce qui émane de la majorité des secteurs économiques.

Pourtant il y a opposition, aussi sûrement que l'on dit des chiffres qu'ils sont arabes et de notre alphabet qu'il est latin, opposition visible non seulement à l'échelle des grandes maisons, mais aussi chez les petites équipes et les solistes. Car pour survivre, il faut évaluer quasi simultanément les deux aspects qu'un manuscrit peut suggérer, sa beauté et sa rentabilité.

J'ai pour ma part le sentiment qu'un manuscrit est rarement porteur des deux vertus. Une fois rejetés les textes désespérément mauvais et les honnêtes tentatives littéraires, nous nous trouvons en présence de ce qui en somme doit n'avoir qu'un mérite, celui d'être défendable d'un bout à l'autre du long parcours dans lequel un manuscrit s'engage quand il est destiné à devenir un livre. Défendable auprès des collègues du comité de lecture, auprès de l'équipe commerciale du diffuseur et du distributeur, de la presse, du prof qui le trouve trop difficile et du quidam avec lequel on discute dans une foire du livre. Défendable au terme de l'évaluation, de l'*échenillage* du texte, de la lecture des épreuves. (Me voyez-vous lire trois ou quatre fois, et à peu près jamais à l'état de livre publié, un texte que je n'aimerais pas ?) Je cherche une œuvre pour laquelle je pourrai tout à la fois écrire la quatrième de couverture, l'argumentaire de vente et le prière d'insérer. Celle-là, je veux la vendre. Je le répète, j'ai neuf chances sur dix de ne pas y parvenir et d'en avoir le *cœur gros*. Celle-là me donne au

moins une certitude, l'estime dans laquelle je la tiens, l'affection que je lui porte, comme chaque lecteur s'en découvre
pour certains livres. Avec cette formidable chance d'être tout
près quand elle prend sa forme définitive.

Quant au reste, les plus cyniques d'entre nous pourront
faire valoir qu'il n'y a jamais de succès assuré en raison d'éléments impondérables. En effet, il arrive que des écrivains ne
soient pas, dans les lieux où l'on mise sur les gueules comme
sur les canassons, à la hauteur de leur œuvre. Il arrive qu'un
livre soit d'emblée éreinté par un critique qui ne l'a pas lu et
dont l'humeur annonce la couleur du temps qu'il fera. Il arrive
qu'une critique avantageuse tombe pile sur un jour de déluge
et de mévente : faute de démarrage (le sentiment chez les
libraires qu'un livre puisse aller loin est primordial), le livre
cédera le pas au livre né sous des augures plus favorables.
Dans un marché aussi peu extensible que le nôtre, il arrive
qu'un livre soit enterré par le succès d'un autre. Il arrive que,
bon an mal an, dans ce marché ramené à l'échelle des six
millions et demi de Québécois francophones, dix nouveautés
narratives (roman, nouvelles, récits) envahissent chaque jour
les librairies. Il arrive qu'un beau texte soit tué par une couverture inadéquate.

Il arrive qu'on n'y comprenne rien.

Que Carlo Fruttero dise qu'il faudrait une sacrée attachée
de presse pour qu'aujourd'hui on donne un minimum de chance
à *La divine comédie* illustre assez bien à quel point le manuscrit est d'avance soumis à un *steeple-chase*. Devant autant
d'incertitudes commerciales, nous avons quant à nous décidé
d'opter pour le livre et l'auteur que nous aimons. Pareille
attitude n'est toutefois viable que si nous ne cessons pas d'être
avec le livre une fois qu'il est publié ! Ce serait en effet trop
simple de céder à la perversion de n'aimer les livres qu'à cette

phase de leur existence où ils ne sont pas encore des livres ! La viabilité repose aussi sur la qualité de la réciprocité, de la fidélité qui unit auteur et éditeur. Levez les yeux : au firmament brillent les constellations, tellement attrayantes, de Gallimard, du Seuil et du label général *made in France*. Et, tout près, du Boréal.

*   *   *

Personne, sinon les auteurs qui nous ont honorés de leur confiance, et dès le début, n'aurait soutenu le pari de la réussite d'une maison dont on a d'abord qualifié la perspective éditoriale de suicidaire. Puis de courageuse. Originale. On n'en dit plus rien, notre politique est maintenant dépourvue d'épithète parce qu'elle existe indubitablement. Parce qu'elle est. Une volonté basée sur la pluralité du genre (recueils d'auteurs québécois, francophones, étrangers à notre langue, recueils thématiques collectifs, anthologies nationales, recueils hybrides nouvelles/pratique artistique), voilà qui est unique. Et suffisamment implanté pour s'ouvrir dorénavant sur le roman et l'essai littéraire.

Si nous maintenons le cap, si nous entretenons des ambitions élevées à propos de la nouvelle en dépit de ses modestes perspectives commerciales, c'est que nous restons unilingues, fermement. Nous parlons le langage de la littérature.

Il y a encore des gens, auteurs, libraires, lecteurs, qui l'entendent.

Recueillir

[...] la nouvelle est grégaire.

Jean-Pierre BOUCHER[1]

Pendant longtemps, et l'on pense spontanément à Guy de Maupassant, les nouvellistes ont fait du recueil le lieu du rapaillage de pièces éparses — comme le veut l'acception ancienne du verbe *recueillir*. Depuis plus longtemps encore, dès Boccace, le recueil existe comme figure d'ensemble. Il est donc possible d'établir une typologie à la fois de la nouvelle[2] et du recueil[3]. Cette existence simultanée sur deux strates

1. Jean-Pierre Boucher, *Le recueil de nouvelles. Études sur un genre littéraire dit mineur*, [Montréal], Fides, 1992, p. 10.
2. On consultera sur ce point les travaux de René Godenne, notamment l'introduction à sa *Bibliographie critique de la nouvelle de langue française (1940-1985)* publiée chez Droz en 1989. Il y propose trois catégories : la *nouvelle-histoire* (primauté d'un élément anecdotique), la *nouvelle-instant* (le choix de l'évocation de moments de la vie d'une ou de plusieurs personnes plutôt que de la durée) et la *nouvelle-nouvelle* (absence totale d'éléments anecdotiques au profit d'une évocation, d'une description ou d'une réflexion renvoyant à l'acte d'écrire).
3. En sus des réflexions du même René Godenne sur les *recueils-ensembles* (voir *La nouvelle française*, Paris, P.U.F., 1974), Jean-Pierre Boucher (*op. cit.*, p. 10) rappelle la contribution de François Ricard (« Le recueil », dans *Études françaises*, vol. 12, n° 1-2, avril 1976).

différentes me semble essentielle à la compréhension de la spécificité du genre. Et peut sans doute expliquer partiellement la prudence des lecteurs à l'endroit de la nouvelle : j'ai indiqué plus tôt comment l'accès coutumier à l'œuvre narrative par le résumé n'offre qu'une bien mince pertinence dans le cas de la nouvelle puisqu'il réduit le livre à une de ses parties ou à un chapelet d'événements qui omet généralement la dimension globale du recueil. Je constate tristement que cela contribue à éloigner le livre de nouvelles de la presse et de la classe. Donc de l'espace public où niche la lecture. La superposition de l'un et du multiple construit une étrange (susceptible en cela de générer de l'inquiétude) expérience de discontinuité. Je lis une nouvelle : je fais l'expérience de ce qui se dit — sans quoi la littérature perdrait peut-être sa finalité ; de surcroît, l'espace entre chaque nouvelle semble un gouffre par rapport à la *distance* qui sépare deux chapitres. Ne résulterait-il pas de sa coexistence dans les ordres du singulier et du pluriel une « surdétermination » formelle, une affirmation de l'acte esthétique de nature à gêner ceux qui s'attendaient à un chapelet d'historiettes ?

* * *

Depuis que, il y a un peu plus d'un siècle, le livre est devenu un bien largement accessible, de nombreuses enquêtes ont été menées auprès des lecteurs pour connaître leurs réactions, leurs désirs à propos de cette communication à distance, de cette relation où l'on se tait pour mieux entendre la voix de l'autre, de ce pont jeté entre deux consciences solitaires[4], de

---

4. D'une part, vous lisez seul, comme l'illustre *a contrario* l'agacement ressenti dans le métro quand quelqu'un s'approprie votre lecture pardessus votre épaule ; d'autre part les livres « à quatre mains » sont rares.

cet accès à une fraternité nouvelle et réitérée — soyons lyrique. Je retiens de l'une d'entre elles[5] que certaines personnes éprouvent du mal à passer d'un chapitre à l'autre dans un roman. En discutant de la question en classe et dans les salons du livre, j'ai été forcé d'admettre que la difficulté est réelle et nettement accrue dans le cas du recueil. « S'agit-il toujours du même personnage ? Comment se fait-il que le protagoniste du premier texte soit un homme et que le personnage principal du texte suivant soit une femme ? Pourquoi le livre commence-t-il en Espagne et se transporte-t-il soudain à Montréal ? »

Il y a de l'inconfort à ne pas percevoir dans un livre de fiction les marques stabilisatrices du roman par lesquelles on fait graduellement connaissance avec un personnage. Marques pacifiantes : j'aime bien ponctuer la lecture de nouvelles en me lançant dans un roman. J'ai l'impression alors de pénétrer dans un bel et large espace domestique. Contrairement à la partition de la nouvelle qui joue parfois de l'ellipse au point où elle paraît s'appuyer sur des silences, le roman est prodigue, il accorde le temps de parole à ses personnages, le plus souvent il est un exercice de pénétration dans une conscience, l'accès à une intimité. Dans la nouvelle, on n'explique pas le personnage, il est là. Nous naviguons dans l'intrusion. Roland Bourneuf a d'ailleurs fait remarquer à quel point la mise en place *ex abrupto* de la nouvelle s'apparente au rêve[6] : je rêve, je l'ignore,

---

5. Rapportée par Nicole Robine dans le collectif dirigé par Robert Escarpit, *Le littéraire et le social. Éléments pour une sociologie de la littérature*, Paris, Flammarion, collection « Champs », n° 5, 1970, p. 221-244.

6. « L'échange entre nouvelle et rêve, ou plus exactement la fécondation de celle-là par celui-ci, me paraît d'un autre ordre que la simple transplantation dans le récit de figures et de décors, de séquences ou rencontres insolites d'événements. Dans la nouvelle se mettent en place et opèrent des

me voilà dans telle ville où je ne suis jamais allé, je ne me demande pas ce que j'y fais. Je rêve donc j'y suis.

L'impossibilité quasi généralisée d'établir le résumé de l'ensemble du livre de nouvelles en réduit le retentissement médiatique. L'éditeur sait aussi que dès le prime abord le recueil comportant un grand nombre de nouvelles très courtes est perçu comme inquiétant. Comment s'y retrouver quand trente fois dans un livre on vous oblige à faire un saut dans le silence ?

La critique a récemment découvert que certains recueils (on a cité à ce propos ceux de Sylvie Massicotte, d'Anne Legault et de Christiane Lahaie et on aurait pu faire de même pour ceux de Maurice Henrie, de Pierre Yergeau et de Jean Pelchat) offraient une cohérence comparable à celle du roman. On a réglé le cas en établissant qu'il ne s'agissait pas vraiment de nouvelles, à la suite d'un raisonnement que l'on pourrait qualifier d'impérialiste si le terme n'était ici outrancier. Je ne céderai donc pas à l'outrance et me contenterai d'observer que dans les cas où les recueils présentent un degré extrême de cohérence[7], on leur dénie le droit d'en être. Ainsi, *Ça n'a jamais été*

---

mécanismes tout à fait analogues à ceux que Freud a décrits pour le rêve : condensation, déplacement, dramatisation, symbolisation. » (Roland Bourneuf, « La nouvelle et le rêve », dans *Le genre de la nouvelle dans le monde francophone au tournant du XXIᵉ siècle. Actes du colloque de* L'Année nouvelle à Louvain-la-Neuve, *26-28 avril 1994*, sous la direction de Vincent Engel, Luxembourg, Phi / Frasne, Canevas / Québec, L'instant même, 1995, p. 167.)

7. « Plusieurs nouvellistes avouent [...] que c'est leur vie éclatée en mille activités diverses qui les a amenés à écrire des nouvelles. Le nouvelliste est [...] angoissé par son incapacité à comprendre le monde globalement. Le recueil de nouvelles lui permet de traduire sa perception fragmentaire d'un monde en perpétuel changement, lui permet peut-être surtout de rendre compte des limites, de l'impossibilité ou du refus d'une vision du monde unifiée, synthétique. [...] Au monolithe, on préfère le fragment. » (J.-P. Boucher, *op. cit.*, p. 21.)

toi de Danielle Dussault a-t-il été qualifié de roman épistolaire. Tout pour ne pas dire RECUEIL DE NOUVELLES[8].

Dans certains cas, nous avons abordé la question du générique... en n'en disant rien sur la page de titre, laissant la
maquette de couverture[9] traversée par un bandeau, aisément
reconnaissable dans l'ensemble de la production nationale,
suggérer, du côté de la nouvelle, un sens que le roman ne
donnerait pas. Le cas s'est pour la première fois posé à propos
de *La chambre à mourir* de Maurice Henrie : il nous semblait
intéressant de ne pas gommer la dislocation temporelle à laquelle se livrait l'auteur de même que l'aspect esthétique — la
rapidité pudique du récit — si remarquable de ce livre racontant l'angoisse profonde d'une société métamorphosée, en l'espace d'une génération, par son passage en bloc de la campagne
à la ville et qui a conservé une profonde nostalgie à l'égard de
sa culture originelle. L'éditeur n'a pas forcément raison en
départageant de la sorte le bon grain du bon grain ; il souhaite

---

8. Je ne veux pas évacuer la dimension épistolaire du recueil : la nouvelle est
    protéiforme, elle est capable de piger dans d'autres formes, lettre, journal.
    Danielle Dussault livrait dans *L'alcool froid* une écriture d'une intimité
    troublante, faisant souvent usage du *vous* de narration. Ici son recours à la
    forme épistolaire amène l'intimité énonciatrice du *je* dans le territoire de
    l'autre, avec un retrait final consécutif au fait que la lettre n'est jamais
    envoyée. La substitution du recueil au profit du roman comme élément
    structurel de réunion des lettres génère un problème de taille puisque tout
    émane alors d'une seule voix narrative. Qu'on est tenté de surcroît d'asso-
    cier strictement à l'auteure, ce qui anéantit les dimensions essentielles de la
    fiction et de la médiation. Je fais un plat à propos d'un mot mal placé, j'en
    suis conscient. Qu'on me pardonne de saisir l'occasion de montrer com-
    ment les marques génériques de la nouvelle contribuent à installer un sens
    global particulier.
9. Une pratique constante dans l'édition de langue française consiste à écrire
    roman sur la page de titre d'authentiques recueils de nouvelles de façon à
    ne pas torpiller d'avance leur potentiel commercial.

seulement que, par un effet de courte vue, l'étiquette du grand genre ne soit pas apposée sur des livres qui ont été conçus autrement. C'est faux : il espère aussi que l'on puisse reconnaître la fusion profonde, sur un mode fantasmatique qui voisine ou pénètre le régime fantastique, présidant à la réunion des nouvelles de *Mourir comme un chat* de Claude-Emmanuelle Yance ou la tension entre vérité et mensonge qui agit comme l'esprit planant au-dessus des eaux de *Ce qu'il faut de vérité* de Guy Cloutier.

* * *

J'ai longtemps adhéré à cet idéal de cohérence absolue, mais je serais consterné qu'on en tire la loi nouvelle du recueil et que cela exclue Maupassant — excusez du peu ! — sous prétexte d'exigences à ranger dans l'ordre de la superstructure[10]. Je reste séduit par l'idée que le recueil puisse être lu dans le désordre, qu'on puisse se livrer à la *maquette à monter* que proposait Cortázar, que tous les chemins puissent mener à Rome — un mode de lecture que la nouvelle me semble posséder en exclusivité[11]. Ce qui distingue d'ailleurs les recueils en apparence les plus près des romans, n'est-ce pas cette discontinuité à laquelle je faisais allusion, cette rupture qu'ils inscrivent en surplus de ce qu'ils signifieraient si on les considérait comme des romans ? Les lecteurs ne pourraient-ils donc

---

10. Cette pratique, notons-le, s'exerce à rebours sur le vénérable Maupassant : la récente réédition Garnier-Flammarion de ses contes et nouvelles obéit au classement thématique d'Antonia Fonyi, sur le modèle suivant : *Apparition et autres contes d'angoisse*, *Boule de suif et autres histoires de guerre*, etc.

11. Je ne me sens pas cette liberté de pénétration oblique du livre dans le cas du recueil de poèmes. J'ai peut-être tort.

opérer de la même manière avec tout recueil, le lire sens dessus dessous, se livrer au hasard de la permutation ?

Après tout, le hasard est divin.

* * *

Ces exigences de construction étant largement admises par les nouvellistes québécois contemporains, le recueil a généralement cessé d'être un assemblage de pièces éparses. Mais le fait que rares soient les recueils qui paraissent sans que des nouvelles aient au préalable été publiées est parfois cause de discrédit.

L'instant même a toujours eu le souci de faire mention, dans la notice bibliographique qui clôt le recueil, des prépublications, donc du relais qui mène de la création au livre, via la revue. Il n'aurait pu en être autrement quand on sait que ses quatre fondateurs proviennent du monde des périodiques, d'*Estuaire*, de *Nuit blanche*, de *Livres et auteurs québécois* et d'*Anthropologie et Sociétés*. Nous percevons comme une bénédiction l'étape de la revue, de ce qui agit à la façon d'un laboratoire, du premier contact auprès d'un public avisé — les revues vivent de l'abonnement, donc d'une forme d'endossement d'une politique éditoriale par des lecteurs. Tel n'a pas toujours été l'avis de la critique, qui a vu une forme de largage inadmissible dans le fait que les nouvellistes *importent* dans leurs recueils des textes dont ils avaient reçu commande dans des périodiques. Comment une nouvelle s'insérant dans la livraison thématique d'une revue pouvait-elle aussi s'intégrer à un livre ?

Comment Jean-Sébastien Bach a-t-il pu écrire des chorals et des cantates qui peuvent à la fois être chantés à l'office dominical et figurer dans ses *Passions*[12] ? Comment Beethoven a-t-il pu reprendre le thème du ballet *Prométhée*, déjà utilisé de surcroît au piano (les 15 variations de l'opus 35), pour en faire le quatrième mouvement de la *Symphonie héroïque* ? Comment Beethoven — décidément un chapardeur de haut vol : il a réutilisé dans le dernier mouvement de sa *Neuvième* le thème et certains éléments d'organisation générale de sa *Fantaisie pour piano, chœurs et orchestre* — a-t-il pu écrire de la musique sur commande ?

Au moment où un nouvelliste reçoit une commande il est souvent engagé dans un recueil. La nature précise du texte trouvera alors à répondre à la double exigence du livre hypothétique[13] et de la commande spécifique qu'on lui soumet (un certain nombre de pages, un indice textuel ou thématique). La première influant sur la seconde : on comprend aisément qu'en cours d'élaboration du roman l'écrivain en vienne à se soumettre à un langage particulier qui distinguera ce roman des autres qu'il a publiés. À une certaine étape de l'élaboration du recueil, les nouvellistes sont pareillement absorbés par les nécessités du livre qui se profile. La revue en donnera alors le premier aperçu. Sans compter que, dans la plupart des cas, le texte subit des remaniements (déclarés, avoués dans la notice bibliographique) dans son passage de la revue au recueil.

---

12. Je pense en particulier aux multiples harmonisations du « Herzlich tut mich verlangen » emprunté à Hans Leo Hassler.

13. Je crois qu'on ne peut savoir réellement qu'un recueil existera que très tard dans son élaboration. On écrit des nouvelles qui ne trouveront jamais à habiter l'espace défini d'un livre donné ; on écrit des nouvelles qui réapparaissent dans un livre des années après leur conception ; on écrit les nouvelles qui manquent à un livre pour qu'il puisse s'accorder au projet qu'on s'en fait. On écrit des nouvelles qui ne connaîtront jamais la page imprimée d'une revue ou d'un livre.

Je tempête à rebours : sur ce point, la partie me semble maintenant gagnée. La fréquence de publication des nouvellistes, plus lente que celle des romanciers, a probablement fourni aux sceptiques l'indication que le *travail* exigé par un recueil est réel. Il ne nous reste en somme qu'à faire valoir la dose d'imagination requise pour sans cesse mettre en piste de nouvelles intrigues.

UNE QUESTION DE LANGUE ?

Nous nous sommes un jour retrouvés ici. Un autre jour nous nous sommes rendu compte que nous vivrions désormais sur le continent anglais. Un autre, enfin, on a inventé le mode d'emploi, le manuel d'instructions et quelques formes apparentées que l'on a pendant quelques années considérées à l'égal des genres littéraires dans les programmes d'enseignement. Nous avons constaté alors que généralement notre langue mettait un peu plus de temps que l'autre à en venir au fait. Certains en ont conclu à la supériorité de l'anglais.

La question de la brièveté intéresse immanquablement un nouvelliste. Pourquoi donc le lectorat francophone montre-t-il tant de tiédeur à l'égard de la nouvelle, puisqu'il en va tout autrement du public anglo-saxon, germanique, slave, italien ou hispanique ?

Pourquoi tous les éditeurs importants de France et de Navarre se sont-ils retirés d'un champ dont le saint patron, et pas que pour nous, est tout de même un Français, Guy de Maupassant ?

Pourquoi les mêmes éditeurs ne publient-ils que des nouvellistes en traduction, négligeant les nouvellistes français actuels ? Pourquoi la critique de langue française affiche-t-elle

155

la même froideur pour ceux-ci et la même pâmoison pour ceux-là ?

Pourquoi n'a-t-on pas reproché à Borges, nouvelliste, poète, critique et fabulateur, de n'avoir pas écrit de roman, alors que tout écrivain abordant chez nous cette riche configuration sera à jamais catalogué comme mineur ? Pourquoi ne tient-on pas *La colonie pénitentiaire* pour un exercice auquel se serait consacré Kafka avant et afin de produire des livres plus conséquents[1] ?

Comment le *Saturday Evening Post* pouvait-il allouer de tels cachets à Francis Scott Fitzgerald pour une nouvelle si tant est que *ces gens-là* sont réputés n'être jamais loin d'une *pensée de marché* et des sous qui la gouvernent ?

Aurions-nous le défaut de parler la mauvaise langue[2] ? Nouvelliste, éditeur, serais-je d'avance exclu par le fait que *ma* langue ne s'accorde pas avec les propriétés du genre ?

Je suis depuis longtemps tenté de chercher ce qui en français serait incompatible *par nature* avec la nouvelle ; je crains toutefois de poser un problème sur des prémisses incorrectes. Homologiquement, j'ai en effet toujours résisté à l'idée reçue suivant laquelle le français serait inchantable, persuadé qu'il ne dispose pas de moins de musicalité que l'italien ou l'anglais,

---

1. L'auteur laisse le soin aux lecteurs d'ajouter les etc. d'usage en tirant profit de l'œuvre de Tchekhov, de Buzzati, de Pirandello, de Bradbury et de Salinger.

2. Excluons de notre réflexion tout ce qui concerne le politique : nous parlons la mauvaise langue en Amérique anglo-saxonne, on nous le dit assez, et pour tout ce qui a trait au capital, à la technologie et à l'idée que l'on se fait des temps modernes ; nous parlons un français dont les autres francophones ne veulent pas, ce qui actualise tristement le constat de Crémazie qui se demandait s'il n'aurait pas mieux valu pour nos lettres que nous écrivions en une langue indigène.

langues avec lesquelles on a pris l'habitude de le comparer sous ce rapport (opéra, bel canto, rock'n'roll), mais d'une musicalité autre, qu'il appartient aux chansonniers, paroliers et librettistes de développer. Je crois aussi que la langue n'est pas seule en cause et qu'il faut élargir l'horizon, interroger la culture, ce dont la langue est une émanation[3]. Aussi ai-je été réconforté d'entendre Monique Proulx, sur un plateau de télé, postuler que la nouvelle ne s'accordait pas au français, sous prétexte que notre langue privilégie une certaine ampleur, trouve ses aises dans un certain développement. Mes interrogations n'étaient donc pas le fait de quelque folie durable — car tout cela me turlupine vraiment.

Je crois moi aussi en la nature subjonctive du français — à moins que je ne fasse ici qu'indiquer mon penchant pour un mode dont on remet l'utilité en cause (et sa beauté, si sonore, justement, on y pense parfois ?) et pour la cascade de subordonnées que certains auteurs s'autorisent, même si les souffreteuses chaînes de propositions indépendantes passent pour être du meilleur effet. J'aime la connotation culturelle de civilité, de politesse, de tout ce qui nous ramène dans les faits de

---

3. L'étude des emprunts lexicaux « spontanés » du français à l'italien, à l'allemand et à l'anglais est révélatrice des valeurs culturelles dont chaque mot est porteur. De même les gallicismes modernes dont on peut faire usage dans le *Time*, dès lors qu'on identifie les domaines où ils se concentrent (la table, par exemple, et un certain art de vivre), montrent clairement la perception culturelle que se font les Américains de la France. Cette relation étroite de la langue et du rayonnement culturel trouve chez nous sa triste illustration dans le fait que nous n'avons imposé dans la francophonie aucun mot d'usage courant. Il n'est pas étonnant alors de constater que nos artistes de la scène (musiciens, chanteurs, danseurs, comédiens) connaissent plus de succès hors de nos frontières que nos écrivains — qui proposent en quelque sorte un texte nu, une invitation à entrer en contact avec la langue dans la fragilité de la page.

langage à la Cité, à la *polis*. Le français n'aspire-t-il pas parfois à une certaine élégance, à une disproportion entre la chose
à dire et le nombre de mots pour y arriver ? Confessant ma
prédilection pour la phrase ample, pour la prodigalité des épi-
thètes et des adverbes, pour la petite touche gérondive, pour le
chiasme, je mesure quel joli paradoxe alimente mon entête-
ment à promouvoir le genre court !

Ayant eu récemment à baigner dans l'alexandrin, j'ai été
— reconnaissez le *malhonnête homme* de maintenant qui n'*entend* même pas le vers suprême — ébranlé par tout ce qui en
établissait la supériorité et désavouait le vers imparisyllabique.
La phrase versifiée comptera 48 pieds ou sera dite boiteuse.
Parole ancienne, me rétorquera-t-on ; on ne peut toutefois nier
le fait que cette régularité dodécagonale a été établie par qui
parlait notre langue. Merci à Rimbaud, à Verlaine et aux vers-
libristes de proposer les transgressions les plus salutaires ; il
n'en demeure pas moins qu'un lien d'adéquation entre la forme
et la langue a eu cours pendant longtemps. Je crains d'en
trouver un de même nature qui dissocierait la nouvelle de
l'esprit français, quelles que soient mes réticences épistémologiques.

Je devrais me rassurer : nous nous sommes lancés dans la
nouvelle au nom de cet appel au moderne, de cet appel *du*
moderne. Rien de plus normal que de vouloir infléchir le cours
traditionnel de la syntaxe pour lui donner des airs nouveaux
(l'avons-nous fait ? je crois que si, mais), que de proposer un
nouveau pacte entre la langue et l'expression.

Dans le domaine de la communication (auquel on réduit
souvent la dimension langagière), ce nouveau pacte existe
indubitablement. Il suffit de se plonger dans la littérature du
tournant du siècle pour constater que la syntaxe a peu à peu
fait l'objet d'une redéfinition conduisant à la phrase nominale,

chez certains, ou au style journalistique, amputable sur demande. Autour de moi, la mode est à la siglaison, la préposi-
tion passe à la guillotine, l'adjectif qualificatif et l'adverbe
sont devenus des objets de luxe (qu'on s'aviserait de taxer
sans que cela m'étonne outre mesure). On enseigne même aux
étudiants du cégep un modèle de paragraphe comportant obligatoirement cinq phrases à fonction logique prédéterminée et
disposées dans un ordre rigoureux. Gare si après application
les paragraphes ne sont pas tous égaux.

Ce que nous pouvons être démocrates quand il s'agit de la
phrase.

Ce racornissement de l'expression ne doit pas concourir
parfaitement au bonheur populaire si j'en juge à la contrepartie d'hyperboles (*mea culpa, mea culpa, mea maxima culpa* :
je n'y échappe pas avec mes étonnements de grand seigneur,
d'écorché vif) qui nous fait vivre dans l'ordre du super, du
supèrement super.

* * *

Je craignais d'aboutir à un constat de dissociation entre le
genre et la langue. Je me drape dans mon aveu du chapitre
initial : il est dit que dans ce livre les questions demeureront
sans réponse.

Je suis provisoirement sauvé.

LECTURE DE LA CANDEUR

La candeur qu'affichent les Québécois à propos de la lecture a quelque chose d'inquiétant pour qui fait profession d'écrire ou de vendre des livres. Sans doute la nature des enquêtes sur lesquelles on se fonde pour établir un portrait social de la lecture en explique-t-elle le caractère optimiste, sinon euphorique : on questionne volontiers les lecteurs sur les lieux du péché, au salon du livre, par exemple, endroit où l'on est enclin à confondre le désir de tout lire et la *triste réalité* d'un monde coupé des livres parce qu'on travaille huit heures par jour, qu'on dort, qu'on écoute quotidiennement trois heures[1] de télé, qu'on passe plus de temps dans une bagnole qu'à table.

J'ai fait en 1987, pour le compte de l'Institut québécois de recherche sur la culture[2], le raccord entre des statistiques

---

1. Tout près de vingt-sept heures par semaine, selon des statistiques de 1996. Fait significatif, quand un téléroman (miroir présumé de notre âme collective) montre, en guise de raccord entre deux séquences, un personnage déposant ce qu'il lisait sur une table, c'est d'un magazine qu'il s'agit, pas d'un livre.
2. Gilles Pellerin, « L'incidence de la Loi de l'agrément sur les librairies québécoises », dans Maurice Lemire (sous la dir. de), avec la collaboration de Pierrette Dionne et Michel Lord, *Le poids des politiques. Livres, lecture et littérature,* Québec, Institut québécois de recherche sur la culture, 1987, p. 83-103.

compilées par le ministère des Affaires culturelles qui, dans un cas, faisaient état de la situation du marché[3] dans les librairies agréées[4], et dans l'autre, de la fréquence à laquelle les Québécois disaient s'adonner à la lecture[5]. Près de quatre personnes sur cinq fréquentant les librairies (fréquentation qui rejoint la moitié de la population) estimaient lire « souvent ou très souvent ». Elles déclaraient acheter les livres plus volontiers qu'elles ne les empruntaient à la bibliothèque ou à des amis. Rassemblant toutes les données de l'équation (chiffre d'affaires national des librairies agréées, tranche de population s'adonnant à la lecture, prix moyen des livres), j'arrivais méchamment au constat que ces lecteurs lisaient et relisaient frénétiquement les deux seuls bouquins qu'ils se procurent annuellement. Considérant de surcroît que la part occupée par l'édition québécoise sur son propre marché s'élevait au mieux à 25 % à cette époque, on comprend très bien la situation difficile dans laquelle se retrouvent forcément les éditeurs chez nous.

L'écart que je crois avoir décelé entre la perception et la réalité me semble tenir à un désir ambigu à l'égard de la lecture. Nous aimerions lire. Mais.

---

3. Gaétan Hardy et Jean-Paul Sylvestre, « Livres et librairies agréées », *Chiffres à l'appui*, vol. III, n° 6, mai-juin 1986, p. 8.
4. Ce secteur commercial touche plus de 200 commerces seuls autorisés à vendre aux institutions publiques. Il faut considérer que l'on vend des livres dans d'autres établissements, à la pharmacie, par exemple, et que ces ventes dites de « grande diffusion » n'étaient pas prises en compte par l'enquête. Le type de livres touchés par la grande diffusion n'a rien de rassérénant pour l'éditeur de nouvelles puisque les recueils, à moins qu'ils n'émanent d'un Stephen King, en sont absents.
5. Rosaire Garon, « Les Québécois et la lecture de livres », *Chiffres à l'appui*, vol. I, n° 1, septembre 1983. Ces statistiques seront bientôt caduques, une nouvelle génération étant apparu dans le tableau, génération formée à l'école de la Courte Échelle, a-t-on l'habitude de dire.

Au début des années soixante, le budget global d'acquisition de livres par les bibliothèques publiques québécoises équivalait à celui de la bibliothèque municipale de Toronto. Nous ne nous sentions pas à l'aise dans une librairie, à cette époque l'endroit nous semblait réservé à une *autre classe* et nous redoutions d'y mettre les pieds[6]. On ne nous avait pas encore dit « Qui s'instruit s'enrichit » et flottait encore sur nous la réprobation de l'ancien chef de l'État pour la culture et l'éducation.

Le mal vient de plus loin. À l'époque où la Nouvelle-France créait le premier programme d'alphabétisation obligatoire en langue française, nous étions dépourvus des grandes écoles qui rendent possible et enviable la culture livresque. L'exiguïté démographique et les conditions spécifiques de survie nous incitaient peu à nous préoccuper de la Querelle des Anciens et des Modernes, sans compter qu'on a tôt joué de la censure, Mgr de Saint-Vallier demandant à Frontenac l'interdiction de *Tartuffe* en 1694 et lançant un mandement « contre les comédies impies, impures et injurieuses ». Le changement de régime rendait presque impossible l'acquisition de livres français[7] au moment où se jouait en France un chapitre essentiel de l'histoire politique moderne, chapitre alimenté par des écrivains colossaux[8]. Par la suite l'Ordre des Bons Livres (milieu du XIXe siècle) et l'Index n'ont pas été des mesures précisément destinées à abolir toute méfiance à l'égard du livre !

---

6. Quiconque a travaillé dans une librairie sait ce qu'il en coûte à ceux qui y viennent pour la première fois et quelle terreur les habite au milieu de tout cela, sur les murs, sur les tablettes, qui les cerne et semble dire : « Vois comme tu ne sais rien... »

7. Le *Navigation Act* faisait de la commande d'un livre en France une nouvelle *Odyssée*.

8. Pensons seulement à ce qu'un Kundera trouve encore chez Diderot.

Nous n'abordons encore la question des bibliothèques que sous la menace de leur érosion. Les investissements de rattrapage, déplore-t-on souvent, n'ont eu sur la constitution des collections qu'un faible effet, l'essentiel de l'argent ayant servi à la construction et à l'organisation des lieux. Qui voudrait d'une bibliothèque neuve sans informatique, sans sections de films, de musique, sans salles d'animation et tutti quanti ? Nous nous contentons pourtant de bibliothèques sans livres ou à peu près[9]...

Les conditions matérielles, que l'on considère la distribution du temps dans une journée ou les ressources, ne favorisent pas la lecture, mais la beauté du mensonge que nous nous racontons me touche : de même qu'il y a un désir d'écriture (qui se vérifie par le taux relatif très élevé de textes qui paraissent et qui ne sont jamais que la pointe de l'iceberg eu égard à la montagne de manuscrits qui ne seront jamais qu'objets de tiroir), il y a un fantasme de la lecture.

Assez pleuré. Des motifs de se réjouir existent tout de même. Le système contemporain de distribution permet désormais (le phénomène n'a pas trente ans) une pénétration de l'ensemble du Québec urbain. Même si parfois un petit éditeur se désespère — ce qu'il fera dans les grandes largeurs à l'avant-dernier chapitre — de l'impatience actuelle des réseaux de

---

9. Voyez ici l'opinion malveillante de qui a une bonne bibliothèque familiale et attend beaucoup d'un lieu public consacré aux livres. Continuant en si mauvais chemin, j'ajouterai que les bibliothèques municipales relèvent du pouvoir local et que ce pouvoir est le fait d'hommes de plus de quarante ans (je m'octroie le droit d'être méchant en raison de mon appartenance à cette classe d'âge et à ce sexe). Or les statistiques font état du désintérêt quasi général des hommes à partir de cet âge pour la lecture. On ne s'étonnera pas de certain déséquilibre dans les budgets de loisirs entre le sport et une *activité de bonnes femmes*...

librairie à l'égard des *stocks à rotation lente*, force est d'admettre que la chaîne du livre chez nous semble moins menacée que les forces d'uniformisation qui frappent actuellement les États-Unis et le secteur anglais au Canada.

Peut-être après tout lirons-nous.

CANDEUR DE LA LECTURE

La vie des artistes ressemble parfois à un terrain de fouilles. Ainsi, Delacroix ayant eu la force de devenir Delacroix, on a exhumé un cahier d'écolier barbouillé de dessins dans lesquels se reconnaît la passion du futur auteur de *La Liberté guidant le peuple*.

Il faudrait qu'à chacun de nous l'on attache pareil archéologue du désir qui nous révélerait ce qui se superposait à la dictée ou à l'exercice d'arithmétique et rédimait les cancres que nous étions. La question « Que veux-tu faire dans la vie ? » trouverait alors la réponse la plus pure, la plus libre des entraves que le bon sens et les conseils de tout un chacun qui connaît-la-vie finissent par imposer à l'enfant inquiet de ce que signifie l'avenir. À la question « Élève Eugène Delacroix, que voulez-vous faire plus tard ? » le carnet d'élève répond visiblement « Peindre. La peinture de la liberté. »

L'avenir continue de m'angoisser ; le présent est si mince. Pourtant, je vis en fossoyeur, enterrant ceci, remblayant cela, au nom du présent. Il m'arrive parfois de me rappeler l'essentiel. À la *petite école*, un jour, on avait confisqué le cahier de dictée d'un voisin de pupitre afin de l'exhiber devant toute la classe. Les marges étaient pleines de curieuses mécaniques

maladroitement et pourtant méticuleusement tracées à la mine.
« Des pompes », avait expliqué l'élève surpris en flagrant délit
de rêverie hydraulique et tout rouge de l'avoir été. M'étais-je
joint au chœur d'opprobre ? Probablement pas, car mon cahier
aussi était chargé de dessins répréhensibles qu'il m'appartiendrait de transformer en desseins répréhensibles : cartes de l'île
au trésor figurant des anses tranquilles, des récifs, des mon-
tagnes et, quelque part le long de la côte, une ville où l'on
pourrait vivre comme dans les livres. Plus tard j'ornerais mes
notes de simples lettres (n'allant jamais jusqu'au « Jacqueline »
qu'un nouvel ami, plus amoureux des filles que des pompes,
écrivait partout, y compris sur le bois de son bureau). Je cam-
pais des A pour la joie d'en mesurer la stabilité. Je constatais
avec ravissement que, dans certaines typographies sans empat-
tement, le q, le p, le d et le b ne sont que des états géométriques
différents d'une même forme. J'étais alors moi aussi saisi par
la lumière des prénoms féminins, me demandant si le poème
absolu ne tenait pas aux cinq lettres de tel nom de femme,
mais rusant sans cesse pour les dissimuler dans des ana-
grammes, des acrostiches et des palindromes. J'étais plongé
dans la beauté de la langue — et non seulement de la langue,
mais de sa transcription dans la matière.

Je n'ai plus rencontré l'élève aux pompes à partir de
l'époque où il entrait en faculté de génie. Comme je suis plus
raisonnable, j'ai mis longtemps à aborder dans l'île au trésor.
Ma vie n'est que la suite de mes efforts louables pour ne pas le
faire. J'ai étudié les sciences sociales au cégep, l'anthropologie à l'université. Passant par la littérature, parce qu'il n'y
avait plus moyen de ne pas consentir à Apollinaire, à Éluard et
à Desnos, je l'ai d'abord enseignée. Puis j'ai joué les secrétaires
de rédaction, les chroniqueurs littéraires, les critiques, les
libraires, avant de retourner à l'enseignement. Parallèlement,

je devenais éditeur. Qu'aurais-je bien pu tendre au poste douanier de l'île si alors on m'avait demandé mes papiers ?

Certes j'avais eu des idées de livres, griffonnées (noms de collection, embryons de maquettes, politique éditoriale) dans la vingtaine comme un autre avait orné ses dictées d'engins hydrauliques. Lui pouvait passer par l'université, mais moi où serais-je allé si m'était venu le projet d'un jour faire les livres des autres ? L'école que j'aurais dû fréquenter n'existe pas. Quant à l'apprentissage, comme on le concevait autrefois, auprès d'un maître ou dans le compagnonnage, autant l'oublier *ipso facto* : au Québec, les entreprises éditoriales sont si petites que nous sommes condamnés à nous former de manière très empirique à ce métier qui consiste essentiellement à transformer en livre un manuscrit et à aller le tendre aux lecteurs et à l'Histoire. J'édite des livres en espérant de chacun qu'il soit la pièce indispensable qu'un naufragé volontaire apporterait dans l'île déserte. Apportera en guise de présent lors de l'anniversaire d'un être cher. Pour n'avoir pas pris ni pu prendre de la graine dans une immense équipe, comme chez Gallimard, j'ai mis beaucoup de temps à m'investir des prétentions que j'affiche ici.

L'exiguïté démographique du Québec limite le développement de l'édition nationale sous tout rapport. Nous ne disposons pas d'un centre des métiers du livre comme il s'en trouve à Bordeaux, ce qui nous prive d'une ressource dont bien peu de secteurs économiques pourraient se passer, soit la formation scolaire de personnel compétent — encore qu'il faille se poser la question de la nécessité des écrivains et des éditeurs dans le corps social : est-ce vouloir le bien d'un individu que de le former à ces pratiques professionnelles ? Le lendemain de la mort de Leonard Bernstein, *Le Soleil* a consacré deux paragraphes au maestro qui avait pourtant dirigé la *Neuvième* de Beethoven lors du *concert sur le mur* — ce qui doit tout de même indiquer qu'on le tenait pour important ; le même jour une page complète signalait le renvoi aux ligues mineures d'un brave garçon, certes, qui agissait comme gardien de but des Nordiques de Québec l'année où ils ont perdu plus de matches que n'en comptait la saison. On le jugeait inapte à remplir son office, mais cela valait davantage que la célébration d'une carrière exceptionnelle.

Ce choix culturel est lourd de conséquences car la démographie n'est pas seule en cause. Et limite le recrutement des éditeurs à quelques fous acceptant d'être au four et au moulin, en solitaires, aidés il est vrai de séminaires ponctuels de notre association professionnelle, l'ANEL, consacrés à la gestion, au marketing, au droit d'auteur et à quelques techniques de survie dans la jungle éditoriale moderne. Consulter les ressortissants de la faculté des Sciences de l'administration ? Notre domaine se situe si bas dans l'échelle du capital et du rendement que les plus élémentaires principes qu'on y enseigne se trouvent souvent inapplicables dans notre champ, faute des liquidités minimales[1].

Réjouissons-nous tout de même : notre pratique ne tient pas toute au mesurable. Il s'y glisse quelque chose d'intangible, le commerce[2] de la métaphore, de l'intuition, du talent. Mais nous parlons aussi à des gérants de crédit pour qui un livre ne vaut rien, moins que les tablettes de l'étagère sur laquelle il repose. Comment justifier d'ailleurs que dix-neuf

---

1. J'ai un jour assisté à la conférence d'un spécialiste de mise en marché qui avait l'habitude de travailler avec des enveloppes budgétaires promotionnelles dix fois supérieures au chiffre d'affaires de la plus importante maison d'édition québécoise... Faut-il ajouter que je n'ai rien pu appliquer de ce qui nous était proposé ?
2. Qu'il est doux d'utiliser le mot dans ce sens !

fois sur vingt le travail de l'éditeur québécois consiste à lire un manuscrit qui ne sera pas publié, donc à s'engager dans une démarche stérile ? Pour le manuscrit retenu, huit fois sur dix la mise en marché du livre se traduira par une perte, une fois sur dix l'opération aura fait ses frais. L'autre fois, le livre aura généré un profit. Mais alors il faut réimprimer le livre, donc troquer le débit pour le crédit dans la colonne comptable. Mais n'allez pas rater Réjean Ducharme ou Marcel Proust car le forfait vous collera au front aussi sûrement qu'à Caïn.

* * *

Quand je revois les gars de l'époque des cahiers de dictée, ils me demandent si je suis toujours journaliste. L'erreur d'attribution n'est pas insignifiante et j'ai une fois passé pour imprimeur[3]. Je viens d'un milieu dépourvu d'intellectuels, d'une paroisse uniformément ouvrière. Autour de moi, l'on sentait le plaisir que m'apportaient les mots : je lisais, j'étais de tous les journaux de classe, on m'avait chargé de l'adresse à Monseigneur l'évêque lors de sa visite, j'imaginais des aventures dans les îles dont j'avais établi la cartographie. Je serais donc journaliste. Qui d'autre *gagnait sa vie* avec sa plume ? Et puis

---

3. Voilà qui est tangible. De quoi avais-je l'air auprès d'un copain de passage à la maison, au temps de l'université, alors que je lisais Lautréamont et que lui étudiait plutôt les causes et effets de l'artériosclérose ? « Tu lis ? » m'avait-il d'abord demandé, incrédule. J'aurais dû être en nage ; il semblait au contraire que je prenais du plaisir à ma similiséance d'étude. Allez donc répondre à la question : « Qu'est-ce que ça raconte ? » Le constat avait suivi, brutal, pas loin d'être réprobateur : « Et tu vas avoir droit à un bac pour ça... » Ne t'en fais pas, vieux, je n'ai eu que ce que méritent les flemmards : je suis devenu galérien !

171

nommez-moi un écrivain shawiniganais[4] qui eût pu servir d'exemple...

Rien ne me destinait à la littérature dans une histoire sociale ambiante où il convenait de faire ses études en médecine pour réaliser l'ascension parfaite de qui est fils d'ouvrier et petit-fils de cultivateur recyclé dans une usine. Mon choix initial d'étudier en anthropologie correspondait mal au mythe de la science et de la technologie, très important dans une ville industrielle. Aussi mon inscription chez Mead, Lévi-Strauss & Cie à l'université avait-elle suscité sa large part de consternation chez tous ceux qui avaient confiance en moi et que ma mésalliance intellectuelle décevait. Alors, par la suite, c'est dire si la littérature...

$$*\quad*\quad*$$

Tout me destinait à la littérature, depuis les *compositions françaises* et ma pratique des clichés (je terminais invariablement mes compos en remerciant Dieu d'avoir créé l'hiver et quelques autres saisons, le sirop d'érable et les forêts d'où l'on extrait le bois dont on fait les bâtons de hockey) jusqu'aux histoires que ma sœur, de dix ans ma cadette, et moi inventions à l'heure du dodo et qu'elle savait terminer quand je m'en montrais incapable.

Éditeur, je fais aussi de la littérature. Celle des autres, toutefois. Il n'est pas permis à l'éditeur de penser autrement, non plus qu'à quiconque intervient[5] dans le texte d'un écrivain, de la révision du manuscrit à la correction des épreuves. Nous nous mettons parfois à plusieurs pour qu'une métaphore atteigne ce qui nous semble sa justesse et sa densité ou pour

---

4. La réponse existe pourtant. Allez, un petit effort !
5. À défaut de dessiner, je barbouille toujours dans les marges !

réclamer de l'auteur qu'il mette un peu de vin dans son eau :
« Allez, désoriente-nous, n'atténue pas inutilement l'image,
fonce ! »

Éditeur, je pourrais tout aussi bien ne plus faire de littérature. Je pourrais devoir ma joie la plus grande à un palmarès
de vente où figurerait l'un de nos titres, je pourrais en venir à
mesurer la qualité d'un livre à son succès commercial[6], la
valeur d'un écrivain à sa capacité à dérider un animateur de
télé. Je pourrais lotir les îles au trésor et prendre Robert Louis
Stevenson pour un promoteur immobilier. Je pourrais être ce
que de plus en plus l'on attend de moi.

*   *   *

Mais lire. J'avais eu le bénéfice d'étudier au conservatoire
de musique (un peu en dilettante et sans comprendre qu'on y
allait pour *vraiment* devenir un musicien), la chance de qui
approche l'intelligibilité des formes sans avoir le talent de les
pénétrer et de les rendre dans ses propres élans. J'enviais
Diabelli d'avoir commandé des variations pour piano à la fine
fleur des compositeurs de son temps, d'avoir simplement osé
s'adresser à celui que je vénérais, Beethoven, et d'en avoir
obtenu non pas une, mais trente-deux. On comprendra donc
mon plaisir dans ces entreprises qui ont conduit à *Saignant ou
beurre noir ?* et à *Meurtres à Québec*.

Maupassant me restituait au cégep le premier bonheur
éprouvé dans *Le doublon d'or* de W. E. Johns, récit d'aventures avec pirates et aviateurs à la clef (le bonheur cumulatif,
quoi). Je n'avais que peu lu les *Bob Morane* et pourtant j'en

---

6. Mes meilleurs amis diront que je ne cours pas tellement de risques sous ce
   rapport !

avais retenu l'essentiel : pas les intrigues, mais un nom de parfum, prêté métonymiquement à une femme, Miss Ilang-Ilang ; mais la repartie convenue d'un costaud alco à son compagnon d'armes *à la mâchoire volontaire et aux cheveux coupés en brosse* : « Si je ne m'abuse » ; mais des ruses de *dacoïts* lancés aux trousses des héros par nuits de brouillard. Je m'étais converti au « Si je ne m'abuse » dans nos jeux de piste, je *racontais* nos jeux d'enfants dans la coulée voisine au fur et à mesure de leur déroulement parce qu'ainsi le jeu devenait aventure. Je découvrais les délices du conditionnel. « On serait des polices montées perdues dans le Grand Nord. » Je découvrais la fiction, je crois bien que j'apprenais à me débarrasser de l'être terne que je suis. Être Bob Morane, c'est pas mal ; être Bob Morane et Henri Vernes, c'est grisant.

Car écrire. J'avais seize ans, le Québec n'était pas encore né, cela m'était intolérable, je le cartographiais *en attendant*. J'écrivais ce que j'aurais voulu entendre. J'ai quarante-deux ans, je n'aime pas ce que je vois, je me dis qu'il faut ouvrir la fenêtre, pour que nos parfums soient connus loin, loin d'ici, pour que d'autres parfums fassent désormais partie de notre ordinaire. J'aime le Québec, que je ne verrais pas aussi bien si je n'avais pas lu Yergeau ou Girard ou si je n'étais pas monté avec Proust dans les trains de Corriveau — qui pourtant ne souscrit à peu près jamais à la toponymie ou au désir que *ça se passe icitte*.

Intolérable aussi, la mort de Jan Palach sur un char soviétique à Prague. J'écris donc que je suis le compagnon silencieux d'Alexandre Dubček, j'écris parce qu'on m'a donné le sens du mot *ontologie* et que je n'arrive pas à le comprendre. Dans ces moments de privilège, je m'intime l'ordre d'être moi-même, ce qui se traduit par un déferlement de personnages. Écrire alors ne saurait être confondu avec un métier, je laisse cela à l'éditeur ; je ne fais en somme que retrouver le bonheur des mots. « Si je ne m'abuse. » Ne me dites pas « Toi, on sait bien, c'est pas pareil... », comme s'il était écrit dans les astres que je passerais ma vie dans les livres, ceux des autres et les miens. Je vous parlerai d'un neveu, tout petit, à qui on lit une histoire. Il en retient surtout le « dit-il » qui clôt une phrase. « Qu'est-ce que ça veut dire ? » Explication. L'enfant comprend tout, c'est-à-dire qu'il intègre « dit-il » au jeu qu'il improvise et dans lequel je serai un monstre, un espion, un bandit (un dacoït ?), je ne sais plus. Lui sera le *il* de *dit-il*. J'obtempère, il faut toujours laisser les plus beaux rôles aux plus jeunes. Par cette clef, il aura accès à toutes les fantaisies verbales, à toutes les identités (pompier, pourfendeur de monstres, espion *bon*).

J'écris, je suis blanc, je suis noir, un lion, un espion, un chasseur de rêves, un acrobate replet, un gilles ballerin, un monstre de Max Ernst, une fille sans chum, un candidat défait, un fonctionnaire à moumoute. Parfois, un écrivain. Dit-il. Et ici : un éditeur.

* * *

On voudrait parfois nous faire croire que la littérature est tout sauf de la littérature. Du cinéma en phrases. De la télévision en plus cher. De la bande dessinée abstraite. De la vie en condensé. De la « communication », un message qu'un émetteur transmet bip-bip à un récepteur qui crie *Rodgeur*. Du Coran figuratif. Du français correctif. On s'adonne ainsi aux faux-fuyants sous prétexte que l'accès à la littérature est devenu trop difficile dans notre espace médiatique.

Il y a un imaginaire propre à la nouvelle qui ne ressemble qu'à lui-même. C'est de cela qu'il faut parler, de ce système de signification qui se construit peu à peu chez chaque lecteur, système complexe fait de stratégies narratives, de caractérisation de personnages, de sonorités, de rythme, d'allusions, de perversion de la réalité et de référent ultimement absent car la prose me donne à voir quelque chose qu'elle se complaît à toujours me dérober. Nous ouvrons un livre, petite chose dérisoire et fragile. Des images s'en échappent, en apparence les mêmes pour tout le monde et que pourtant chacun recomposera à son gré, « à son image et à sa ressemblance », dit-Il. Je m'invente en lisant. Parce que je est un autre, tous les autres, je peux enfin exister.

Je veux contribuer à mon tour à ce que d'autres, maintenant, plus tard, s'inventent par la lecture.

LA LOI DU MARCHÉ : QUI FAIT LA LOI ?

Au moment de renoncer à la publication de leur trimestriel, les dirigeants de la revue *Nouvelles nouvelles* constataient que s'ils avaient pu compter sur autant de lecteurs qu'il y avait eu de postulants à la publication, ils n'en auraient pas été réduits à cette triste mesure. Si la fermeture d'un périodique littéraire tient de la catastrophe, puisqu'elle prive les écrivains d'un formidable terrain d'essai, imaginez combien celle d'une revue de nouvelles peut être atterrante à nos yeux, car elle concourt à prouver la futilité des efforts des uns aux yeux des autres qui ne demandent que ça. Qu'une revue spécialisée meure, passe encore, on pourra arguer l'accident de parcours, l'erreur gestionnaire, la réticence atavique des diffuseurs (sans le concours de qui il n'est pas possible de rejoindre efficacement le lectorat optimal), l'incompréhension des exigences éditoriales contemporaines ou que sais-je encore ; mais que dans son champ, le nôtre, les accidents se multiplient de la sorte nous contraint à admettre que quelque chose ne tourne pas rond au royaume de Danemark.

Le fait est qu'à l'exception du Québec, où trois instances, les périodiques *XYZ* et *Stop* et L'instant même, maintiennent le cap, le monde francophone offre le triste spectacle du

177

désengagement des éditeurs. Au mieux ceux-ci ont-ils lancé dans les années quatre-vingt quelques vagues collections qu'ils ont tôt fait d'abandonner ou n'accordent-ils encore et toujours le privilège de la publication de recueils qu'à leurs auteurs confirmés — confirmés ailleurs.

La réorganisation récente de l'édition, au nom des impératifs de marché, ne permet pas d'entrevoir des jours meilleurs. La dernière décennie a été le théâtre, en France, d'une guerre entre ceux que l'on appelait les *éditoriaux* et le clan des *commerciaux*. L'édition *is a business* et on n'a que faire de l'arme absolue dont se réclamaient les générations de lettrés *promus* aux affaires : le pif. Les technocrates se sont donc emparés du pouvoir ici comme ailleurs : comment défendre l'empirisme éhonté dont font fatalement preuve des ressortissants de la République des lettres dans un domaine qui présente tout de même des exigences commerciales indéniables — comme en fait foi le cimetière des entreprises éditoriales, collections, revues, liées à la nouvelle ? comment ne pas souscrire à des principes issus des H.E.C. et ne pas les superposer à l'intuition hautement faillible des lettrés ? comment ne pas céder à la culture gestionnaire contemporaine[1] ?

* * *

Pourquoi publier des nouvelles si les lecteurs n'en veulent pas ?

---

1. Après tout, puisqu'on *gère* ses amours, qu'on *négocie* avec ses enfants, puisque notre langage trahit notre adhésion à une nouvelle rationalité des rapports humains, à une comptabilité des émotions, je ne vois pas comment on ne pourrait souscrire au grand ménage dans les bureaux d'édition.

Quand on vit dans un petit pays comme le nôtre, on se doit d'être attentif à ce qui émane des empires — quitte à les enjamber et à regarder du côté des zones périphériques, ainsi que je le propose dans le chapitre intitulé « Nouvelle et renouvellement ». Nouvelle variation sur le thème de Charybde et Scylla : dans le monde du livre, nous sommes tributaires de l'Empire français (qui contrôle les deux tiers de notre marché) ; dans le monde du commerce, les États-Unis dictent la loi. Une loi qui ébranle d'ailleurs les structures de l'édition : contrairement à ce qui se passe chez nous, les nouveautés y sont soumises à une espèce de bourse, la prise en commande préalable des titres par les distributeurs (après vérification du marché, dominé par des bannières colossales) déterminant la hauteur du tirage. On est tenté de crier à l'efficacité : l'éditeur devrait, suivant ce système, réduire sa marge d'erreur et fabriquer le nombre d'exemplaires que le marché escompte absorber, qu'il lui sera toujours loisible d'ajuster à la hausse si l'auteur se présente à un talk-show.

Formidable.

Il y a un os. La politique éditoriale vient de changer de place dans la chaîne du livre. Il est normal que ceux dont le métier est de faire transiter les livres ou de les vendre prennent essentiellement des décisions fondées sur la rentabilité. Est-ce suffisant pour leur confier la décision de publier ou de ne pas publier Rimbaud ?

J'importe la question sur mon territoire : la petitesse des entreprises éditoriales québécoises réduit le combat des éditoriaux et des commerciaux à l'affrontement des lobes gauche et droit d'un même cerveau ! L'un crie que sans la rentabilisation des titres (certains, du moins), l'entreprise ne saurait exister ; l'autre me réclame de me placer dans la foulée de la création, d'oser publier l'invendable parce que la littérature est aussi l'histoire des écarts que savent prendre certains écrivains — d'ailleurs largement considérés comme les plus grands ! — par rapport à la norme de leur époque. D'admettre en somme qu'un écrivain n'est pas tenu de répondre aux attentes du public.

L'ennui, quand on est éditeur, c'est qu'on ne peut pas consulter Lagarde et Michard et autres papes qui ne se prononcent jamais sur la valeur d'une œuvre qu'une fois l'écrivain placé en chapelle ardente au Panthéon. C'est sur un manuscrit que l'éditeur se penche.

*　*　*

Nous vivons en démocratie, ai-je lu quelque part. Sans doute est-il normal que nous nous abreuvions au petit-lait de la démagogie. Au professeur, l'on suggère de *partir de l'élève*, de lui enseigner ce qu'il réclame, de lui donner à lire — un livre est un don — des livres qu'il aimera. Ou dont il a déjà vu l'adaptation cinématographique ou télévisée. Je veux bien : qu'on me permette cependant de ne pas en faire le premier critère de sélection des œuvres au programme. Je suis un jour allé à l'école pour y apprendre ce que je ne connaissais pas. J'ai d'abord eu peur de ce dont j'allais ensuite raffoler. Peur de Kafka. Peur de Nietzsche. À prononcer ces noms sont difficiles, dirait Aragon. Je continue d'ouvrir des livres pour y trouver ce qui ne se trouve qu'en eux.

De l'intellectuel on réclame qu'il ne raisonne pas, qu'il ne cherche pas à comprendre le monde, qu'il n'aspire pas à l'entendement dont il est par essence à la recherche. Qu'il ne parle pas avec des mots d'une piastre et quart[2]. Ni des mots avec des

---

2. L'apprentissage d'un mot incorrect requiert autant d'effort que celui du mot exact.

180

h et des *y*. (Il nous fatigue en pelletant ses nuages. Je crois même qu'il nous méprise.)

À l'écrivain on demande des livres populaires, qui parlent de ce que l'on connaît. (Elle est bien compliquée, votre métaphore, Madame Chose.)

* * *

Le budget promotionnel moyen d'un film produit à Hollywood se chiffrait, en 1996, à 17,7 millions de dollars, somme plus importante que celle qu'on alloue à la production d'un film au Québec. La mise en œuvre de tels moyens a fini par écarter de nos écrans, et pas qu'au Québec, les œuvres qui ne portent pas le sceau des *majors*. Nous sommes donc condamnés à nous gaver de navets — je n'ai aucune raison valable d'avancer que la pellicule enduite d'huile de biceps est forcément mauvaise et m'excuse de cette diffamation au pied de l'autel du saint Box Office.

Cette question m'intéresse à plusieurs titres. D'abord, j'arrive difficilement à être alléché par un programme en salle, la place étant prise par des histoires de gamins surdoués qu'on a laissés à la maison pendant qu'on prenait un avion menacé par des terroristes à teint basané. De plus les films en question sont des concurrents de nos livres et trois fois plutôt qu'une : en salle, à la boutique de location de cassettes vidéo et à la télé. Quel auteur de L'instant même arrive à la cheville de M. Muscle aux yeux des médias et du public ?

Peut-être ne s'en trouve-t-il pas un, en effet. Je crois pourtant que la chronique alimente l'intérêt. Sylvester Stallone va au restaurant, le serveur se trompe de plat, celui qu'il dépose devant l'acteur ayant meilleur goût que celui qui a été commandé, le prestigieux client lui glisse un pourboire de cent dollars, nous le saurons dans *La Presse* du dimanche, un jour où l'on n'y aura traité d'aucune œuvre québécoise de fiction. Un chanteur lance-t-il un disque qu'on nous le fait jouer à la radio sans jamais le soumettre à la critique, à moins que le fait de nous apprendre que le chanteur en question vient de se marier ou de renouveler sa garde-robe (pardonnez la synonymie) relève de la critique dans le monde du rock'n'roll.

À la télé on ne parle pas des livres parce qu'ils ne participent pas de la culture populaire.

$$* \quad * \quad *$$

Je reste tétanisé quand j'entends les promoteurs des biens culturels, dans l'édition, dans la presse, à l'école, se joindre au concert d'opprobre adressé aux intellectuels, sous prétexte qu'ils parlent un langage que nous ne saurions comprendre et qu'il faudrait pour cela éjecter hors de l'agora. J'imagine mal au nom de quoi les marchands de meubles dévaloriseraient les ébénistes en plaidant pour l'existence unique du mobilier de série.

Nous nous en remettons, pour caution finale, au Grand Public — j'ajoute les majuscules pour qu'on comprenne bien comment la chose est unanime, uniforme, sacrée dans la bouche de ceux qui ont recours à l'expression, une main sur le cœur. Le verdict public est clair, mesurable, légitime : quatre millions de personnes semblent faire la preuve hebdomadaire que *La petite vie* est l'émanation suprême de la culture québécoise. Le Canadien de Montréal, engagé dans une saison médiocre, récoltera davantage de suffrages publics et médiatiques que le club de balles dans ses grands jours. La composition de l'Assemblée nationale et de la Chambre des communes prouve éloquemment que le grand nombre jamais ne se trompe.

Peut-on juger pareillement la littérature ?

On se sert couramment de l'aune de la vente, du best-seller, pour évaluer un livre. Je voudrais qu'on ne condamne pas pour autant le verdict critique, l'avis exprimé par des spécialistes. J'en ai appelé plus tôt à une réflexion des méthodes d'approche de la nouvelle, à une approche qui tiendrait compte de ses spécificités. À chaque colloque auquel j'assiste je me prends à rêver du moment où nous aurons construit un appreil critique qui puisse rendre compte du genre et guider les nouvellistes. Le besoin de la critique est incommensurable pour qui fait office, écrivain, éditeur, de jeter une petite pierre blanche devant lui, d'aller voir ailleurs s'il y est. Besoin auquel le lectorat indifférencié qui consacre commercialement un bouquin ne me semble pas pouvoir répondre.

Je ne peux totalement souscrire à la préséance du grand nombre.

* * *

L'État moderne gouverne sur la foi des sondages d'opinion. Nous ne confions plus à des élus, que nous pouvons démettre à fréquence régulière, le soin de prendre des décisions, d'innover, d'imaginer ce que sera la Cité demain. Turlututu chapeau pointu : l'étude de marché et la promotion ont pris le pouvoir. Mes condoléances à Périclès.

* * *

Devant le manuscrit à publier, l'éditeur se livre à une équation à plusieurs inconnues : combien coûtera-t-il ? combien le vendrai-je ? à combien d'exemplaires le tirerai-je ? à combien d'exemplaires réussirai-je à le vendre ? Une des façons de simplifier la chose est de se convertir à l'édition industrielle, à établir des formats uniformes (au nombre de pages déterminé par des multiples de 32, par exemple, pour utiliser au mieux la rame de papier) dans une maquette aisée à reproduire en grande série. On standardise la fabrication pour en abaisser les coûts. Économiquement, le procédé est simple, efficace, rentable. Quand on présente la chose aux auteurs, ils ont d'abord un mouvement de recul, paraît-il. Puis ils s'y font, ils entrent dans le moule des 96 ou des 128 pages, s'adaptent à un rythme qui se traduit à la longue par l'accélération de leur production. Tout le monde est heureux. À l'autre bout de l'acte littéraire, le *client* sait à quoi s'attendre, à quelle période de loisir s'adresse tel type de livre. Je comprends et admets le principe : j'ai éprouvé du plaisir à travailler dans le format des trente minutes de la radio et je concocte une collection didactique qui s'appuiera sur cette régularité garante de coûts de fabrication réduits.

Mais peut-on publier la littérature, toute la littérature, selon les mêmes paramètres ? Doit-on imposer ces cadastres à toute création ? Où caserait-on Proust dans ces conditions ?

À l'époque où j'étais libraire, nous avions reçu un auteur à grand succès en séance de signature. Et qui nous avait prouvé qu'il était un auteur à succès. L'attaché de presse (un homme, tiens, c'est rare) estimait que l'édition devrait se discipliner et s'en tenir aux livres qui peuvent susciter pareil assentiment public. L'euphorie agissait sur moi comme sur les autres ; j'avais néanmoins eu un moment d'humeur devant la dénégation à laquelle il se livrait à propos des *autres* livres, de la poésie en particulier, de ces inutilités dont les murs de la librairie autour de lui étaient couverts.

C'est sensé : ne publions que dix livres par année — ceux qui sont appelés à *marcher*. Mangeons tous chez McDonald's à la même heure. Parlons tous l'anglais de quatre cents mots qui sert de langue véhiculaire planétaire. Et demandons aux

poules de pondre des œufs carrés, l'entreposage en sera sim-
plifié.

Uniformisons tout. Y compris la sensibilité. Le génie
génétique nous en offre les moyens.

* * *

Toutes choses sont égales du seul fait de leur existence,
avons-nous pris l'habitude de postuler. « L'important est de
les faire lire, peu importe ce qu'ils liront », a-t-on déjà avancé
à propos des jeunes. Il n'y a pas de *bons* livres, on ne saurait
avancer que certains valent mieux que d'autres, sinon on com-
mettrait une injustice à l'endroit de ceux-ci. Sans compter que
postuler la supériorité d'un livre sur un autre (sur quelle base,
hein ? tout cela est forcément subjectif, mon avis vaut bien le
tien) ne saurait être que mépris d'intello à l'endroit du *vrai
monde*.

Où est le mépris, dites-moi, quand on refuse de présenter
tel livre à ses étudiants sous prétexte qu'ils ne le comprendront
pas ? ou quand on statue publiquement sur le fait que le Grand
Public ne saurait éprouver de plaisir parce que l'œuvre est trop
complexe ? Je bats ma coulpe : j'ai présumé que *Nécessaires*
de Sylvaine Tremblay était difficile. Voilà pourtant un des
titres dont on m'a parlé avec le plus de chaleur. Et d'intelligence.

Nécessaires est un livre suspect.

* * *

La large soixantaine de recueils publiés ont permis à la
réalité de se faire entendre à moi en dépit de mes louables
efforts de surdité : si le plafond n'est pas aussi bas qu'on le

laissait croire, il n'en existe pas moins. J'ai donc fini par apprendre le langage du marché, un langage de raison — la raison comptable. Pourquoi alors persister dans une aventure à seule fin qu'elle continue d'exister ? Parce que des écrivains nous ont chemin faisant appris la littérature dans ce qu'elle a de plus vivant.

La nouvelle ? Parce qu'elle nous plaît. Et aussi parce que l'aventure paraît suicidaire, impossible, courageuse, insensée, inopportune. Parce que je suis adolescent et que les entreprises folles exercent encore sur moi leur redoutable séduction. Parce que j'ai atteint la quarantaine et qu'il m'est trop souvent donné de croiser des morts. J'ai besoin de cette vie que je sens palpiter dans une forme dont le pouls est si évidemment rapide.

Le travail d'édition dépend de conditions objectives qu'il faut avoir la prudence d'identifier de temps en temps, l'amour de la métaphore pouvant, s'il est fruste et étroit, jeter les créateurs de métaphores sur la paille. Et les réduire au silence. Il faudrait objectivement se demander s'il est viable d'exercer, hors *du* pôle d'attraction culturelle, économique et politique, quel qu'il soit, et il n'y en a toujours qu'un, une activité qui joue elle-même aussi essentiellement un rôle d'attraction. Éditer, c'est rassembler des voix, c'est attirer à soi des individualités, parfois incompatibles, pour qu'il en émane un catalogue — entendez-vous tout le respect que je mets dans le mot ? C'est créer un espace imaginaire, factice, dans lequel chaque voix portera juste ; c'est chercher à réunir Fisher Dieskau, Pavarotti, Hvorostovski, Jobin, Domingo, Te Kanawa, Callas, Norman et Schwartzkopf dans la quatrième dimension — quelle ambition que la nôtre ! Que quelque chose agisse des uns aux autres, la belle émulation, qui jamais ne fasse chapelle. Que la forêt ne cache pas l'arbre.

VIVRE

Vivre est pour moi un fait de langage. Aussi ai-je, tout jeune (au temps du cégep, à vrai dire), souffert de la dissociation qu'on établit fréquemment entre acte et parole, comme si la seconde péchait par veulerie, irrésolution ou futilité, comme si les mots étaient incomplets, imparfaits par nature, incapables d'agir sur le réel. On ne pouvait changer le monde (à dix-sept ans, ce projet est essentiel) que manches retroussées, à coups de poing ou de pied, le marteau sur l'enclume. On n'a que faire des *beaux discours*.

(Je n'ai plus dix-sept ans et, puisque je n'y suis pas parvenu, je veux changer le monde. Par la lecture, l'édition, l'écriture, la conversation, l'enseignement. Je me suis un jour intéressé à la nouvelle et il m'a semblé que ce petit genre disait parfois de grandes choses. Je lui dois des moments de délices. J'ai des moments de générosité.)

Je connais des mots qui portent plus fort que des taloches. J'ai vu des paysages qui étaient plus beaux dans les livres où on me les décrivait que dans leur présence réelle, et je ne leur en ai pas voulu — ni aux livres ni aux paysages. Et je n'ai pas eu le sentiment qu'on m'avait menti : la littérature est parfois ce que l'on ajoute à l'univers.

Je connais aussi des invitations au silence qui ressemblent à des assassinats. Ainsi est-il de bon ton de décrier la théorie au nom du sens pratique ; je crois que l'un n'est rien sans l'autre.

Je suis fasciné par les premières manifestations de la parole audible chez les enfants. Ils sont assis devant des aliments. Pendant longtemps il n'y a qu'une purée, des agrégats flasques assez peu ragoûtants. Et l'on triture, et l'on tapoche, et l'on se barbouille, et il arrive que l'agrégat trouve le chemin de l'estomac. Soudain l'on dit ba-na-ne. La purée vient momentanément de prendre le bord. Une chose d'une extraordinaire précision (et si facilement, si joyeusement réductible en purée, quand la leçon de langage sera terminée) surgit dans l'existence, avec une forme de banane, une texture de banane, un goût de banane, des vertus de banane. Jamais plus l'univers n'existera sans banane, sans la connaissance qu'un enfant de quinze mois en a et qu'il peut désormais faire apparaître à loisir en disant, en entendant, en pensant à un petit mot de six lettres. Non seulement cela existe-t-il à jamais, mais encore le sens de la banane s'élargira-t-il sans cesse (une pelure qui provoque une glissade qui provoque le rire qui provoque une critique contre l'humour facile qui amène un commentaire bergsonien ; une excursion en forêt avec un chef scout qui décrète doctement que ledit fruit remplace avantageusement le steak ; une leçon de géographie politique qui renvoie certains pays au rang de républiques de bananes ; un lancer frappé d'une lame de bâton en forme de banane ; un siège de bicyclette *idem*, et je vous fais grâce des etc. d'usage en vous priant de contribuer à ce livre par un exemple de votre cru).

L'enfant dit un mot et je le vois le savourer. La banane lui appartient désormais, même quand elle n'est pas là. Il y prend goût, il part à la conquête du monde en le nommant[1]. Il a dit *banane*, il enchaîne avec *poire*, bientôt il dira *fruit* et cela pourra même l'aider, petit snoreau, à expliquer pourquoi il n'aime pas les légumes (qui sont, suivant le même principe, tous des cousins de l'affreux brocoli). L'enfant découvre aussi la rime et tout ce qui dans le langage joint l'inutile à l'agréable, comptine, combinaisons sonores qui font rire, contrepèteries et titres du magazine *Voir*. Un jour il dira *anthropologie* et c'est tout un entendement du monde qui lui sera révélé. Un jour il prononcera les mots de l'amour, non sans difficulté, la gorge nouée, la larme à l'œil[2]. Il n'aura peut-être pas pensé à accompagner sa déclaration d'un dessin que l'on colle sur le frigo, il n'aura que ces mots, tout nus, flambant nus, ultimes, il aura le sentiment que cette minute est ce vers quoi toutes les autres minutes menaient. Peut-être aura-t-il pensé à apporter un poème, à le glisser sous la soucoupe, dans le livre (il sait s'entourer quand il se livre).

On recommande aux auteurs pour la jeunesse de pratiquer une syntaxe simple (*simplette* ? j'ai l'esprit mal tourné) et un vocabulaire facile. Un éditeur explique à un romancier que leur future association suppose que celui-ci « change de style » puisque le sien ne saurait plaire. Le romancier demande donc de quoi il retourne. Il semble qu'il soit ici question de sa propension à adjoindre deux subordonnées à la principale (ce qui est tout de même trois de trop aux yeux des autorités compétentes) : « Vos phrases sont trop longues. » Un autre romancier se vante publiquement de pratiquer, à l'école de Camus, la phrase courte, plus apte à rendre compte de la vie

---

1. Je renvoie à Jean-Guy Pilon nous exhortant à nommer le réel.
2. Le beau sujet de nouvelle : Un homme dit « Je t'aime » à quelqu'un sans se troubler le moins du monde. C'est de la science-fiction ! du fantastique !

moderne. On me dit ailleurs que je vis dans un monde devenu complexe. Un monde complexe aux idées courtes ? Et moi qui attends mon salut de la littérature !

La littérature accomplit à mes yeux le miracle de reprendre les mots avec lesquels nous faisons l'épicerie, conversons au-dessus d'un café chaud, parlons de politique au coin de la rue, de reprendre ces mots de tous les jours et de les porter aux nues, de les investir d'une portée esthétique[3]. L'enfant n'a pas sitôt appris le lien entre un fruit désiré et le mot par lequel on le demande à ses parents que nous lui inculquons une autre pratique du langage en l'appelant « Mon petit trésor ». Les mots ne veulent plus dire ce qu'ils sont censés désigner et qui est consigné dans les dictionnaires. Tu es un trésor à mes yeux, tu n'es pas qu'une petite fille. Tu es aussi une chouette parce que j'ai besoin qu'entre toi et moi on n'appelle pas un chat un chat. J'ai besoin que les mots soient souverains parce que tu es ma princesse. J'ai besoin que dans notre maison nous parlions le français, mais aussi le pellerin (que j'ai appris quand j'étais moi-même le petit prince) et le taillon que j'ai si tard et si bellement connu.

$$* \quad * \quad *$$

Je suis comme beaucoup de gens qui, nés et vivant loin de la mer, ont l'impression en la voyant de temps en temps qu'elle n'est pas faite d'eau, de marée, de lichen ou de raie à passer au beurre noir dans une poêle, mais de métaphysique. J'ânonne pour moi-même — et pour ceux qui ont le malheur d'être à ma

---

3. Qui peut s'accomplir dans la brièveté comme dans l'étirement, je le note en m'attaquant au diktat de la phrase de sept mots, construit sur le modèle du changement de caméra à toutes les sept secondes.

portée. (Il n'est pas désagréable d'éprouver la sensation de penser, d'entendre s'activer les petits rouages cérébraux rouillés.)

J'ai peut-être compris dans une ville maritime pourquoi j'ai écrit et écrirai. J'étais en société mais le désir de marcher — qui est inscrit profondément en moi et jusque dans mon nom, *pèlerin* ayant servi à désigner le *pérégrinant* bien avant le *dévotieux* — s'est avéré plus fort que tout. J'avais le plus grand besoin de cette solitude active de la marche pour le contact qu'elle me promettait entre l'univers (si réel quand on marche, si palpable) et *mes* mots. Je n'écrivais pas puisque je marchais. Mais je marchais avec des mots, ceux qu'on laisse remonter lentement jusqu'à ce qu'ils se fixent dans leur éclat, jusqu'à ce qu'ils fixent dans leur durée le sentiment qu'on éprouve.

Je glissais de la ville vers la mer que je n'avais plus vue depuis plusieurs années. Je me sentais dans la peau d'un jeune homme se présentant à un rendez-vous amoureux. Parce que la littérature existe et que des auteurs ont écrit sur la mer et le bouillonnement d'émotions qu'elle génère, je me payais le luxe de créer la scène dans laquelle nous figurerions bientôt, la mer, souveraine et patiente, et moi, timide et ému. J'ai eu alors l'impression que l'univers existe et qu'il en était de même de moi et du présent.

L'avenir existait aussi, hélas. Je ne disposais que de peu de temps avant de devoir redevenir un être social, commis à ses responsabilités (une conférence à entendre, des gens à rencontrer). J'ai cru apercevoir la mer au bout d'une rue et du terrain vague adjacent alors que je m'engageais, à marée basse, sur la canalisation géante d'une décharge publique, l'accès à la mer étant de surcroît bloqué par une voie de métro régional clôturée.

Je n'ai pas vu la mer ce matin-là, sinon de très loin et au milieu d'effluves fort peu invitants. Je l'ai imaginée, l'ai savourée comme si j'avais été en train de lire. Je n'écrivais pas, mais c'est tout comme. J'entendais les mots m'envahir comme si je venais de recouvrer l'ouïe. La mer a existé en cet endroit avant que les êtres humains et les mots n'apparaissent. Je crois pourtant que les mots l'ont transformée. Elle est plus que la mer, elle est celle « qu'on voit danser le long des golfes clairs », pour ne citer qu'un seul parmi les milliers de milliers d'admirateurs qui ont écrit sur elle. Je ne sais pas ce que la mer pense de Trenet et du teuf-teuf des accords à la dominante/tonique/sus-dominante/sous-dominante et on remet ça ; je sais ce qu'est devenue la mer par la grâce de la *Supplique pour être enterré sur la plage de Sète* de Brassens. Et je sais que ce matin-là, dans la mise en scène qui résulte de la fusion de la marche et du langage, la mer était attentive à son fils lointain — grand-papa protozoaire est tout de même mort depuis longtemps ! Elle me l'a prouvé quelques heures plus tard quand, ayant plus sagement confié à un autobus le soin de m'y conduire, je suis allé jusqu'à elle, en me prenant quasiment pour le doge lui lançant un anneau. Elle m'attendait. Elle avait invité un coin de ciel bleu et blanc, le soleil se faisait discret dans l'autre coin, au-dessus de la terre. Je suis revenu de la jetée dans le soir naissant, accompagné d'une centaine de personnes, toutes inconnues et parlant d'elle dans une autre langue que la mienne, et ne parlant pas d'elle. J'étais dans la beauté des choses, j'étais leur frère, l'univers parlait, j'y avais ma place.

* * *

Je préfère lire un roman que la théorie qu'on en tire. Je me réjouis toutefois que la théorie existe, que quelqu'un projette dans un texte sa propre psyché, ainsi que je m'autorise égotistement à jeter mes mots dans la mer. Je me félicite de ce luxe extraordinaire qui fait que la mer existe, que Hemingway a écrit un roman à son propos et que des critiques ont glosé sur *Le vieil homme et la mer*, que Saint-John Perse soit maintenant le nom de la vibrante cathédrale engloutie dans nos bibliothèques. Mais on se méfie de la théorie, sous prétexte qu'elle s'exprime forcément dans l'amphigouri cryptographique.

À moi aussi elle semble parfois sèche et sclérosante. Mais à considérer le nombre de fois où le désaveu de la théorie émane de ceux qui de toute façon ne lisent rien, pas davantage les romans que les textes qu'on en tire, j'en suis venu à une généralisation qu'on mettra sur le compte de mon humeur atrabilaire : n'y aurait-il pas en effet un lien homologique entre cela, le diktat de la phrase courte, l'exiguïté[4] lexicale destinée à la jeunesse et l'alibi que nous sert consciencieusement Radio-Canada pour justifier la disparition ou l'absence d'émission culturelle à l'horaire télé (« Nous voulons quelque chose de grand public, qui ne s'adresse pas aux spécialistes et qui n'est pas trop refermé sur le milieu[5]. ») ?

Mais je suis pétri de contradictions : réclamant d'un livre de fiction de m'aider à devenir moi-même, je lui demande parfois de compter ses mots, d'en suggérer autant qu'il en dit. Je vogue de l'impudence à la pudeur.

---

4. La coercition est tellement plus efficace quand on la suggère plutôt que de l'appeler par son nom.
5. Je cite *Le Soleil* du 21 août 1996, mais je crois qu'il s'agit d'un enregistrement destiné aux journalistes à chaque rentrée.

LES ÉCAILLES D'UN POISSON

Qui fait des livres se trouve maintes fois dans la nécessité d'en justifier l'existence. Enfant des années cinquante ou soixante (je ne sais plus bien), la réalité du temps, sa prégnance, m'est notamment devenue perceptible par le fait que le dernier cri technologique impose sa supériorité intrinsèque — sauf auprès de quelques grincheux et survivants du Temps Naguère.

On n'échappe pas à cette course effrénée du fait que l'on est éditeur et que, technologiquement, le livre ne fait pas le poids devant la pléthore de moyens de communication bardés d'hyperceci et d'intercela. (Cromagnon, mon vieux, à quel rêve ancien t'accrochais-tu ?) L'*objet* de ma prédilection « a de la main », je veux bien, il fleure l'encre, vous m'en direz tant, mais comment plaider que tel papier « a vachement du mouvement[1] » alors qu'il offre toutes les apparences de l'inertie ?

---

1. C'est dans ces termes qu'un partenaire en coédition, Bernard Dumerchez, justifia au téléphone le choix du papier, Ingres à la forme, sur lequel devait être imprimé *Bris de guerre* de Jean-Pierre Cannet. Impossible de résister à cette image qui joue à saute-mouton sur le décalage horaire et qui vous arrive dans le plus noir de l'hiver.

Économiquement, le livre présente toutes les apparences de l'aberration : on en dénonce volontiers le prix à l'achat (comme si c'était le seul bien qui soit cher) en même temps que les perspectives de rendement ont de quoi décourager tout investisseur sensé. Comme quoi le livre est coûteux à la production comme à l'achat !

J'ai éprouvé de jolis plaisirs, penché sur la table d'Anne-Marie Guérineau, notre graphiste, à m'imaginer comment une toile réduite à la dimension d'une diapositive deviendrait une couverture qui habillerait un bouquin. Ou à mesurer l'équilibre apaisant de telle mise en page. Je suis sensible à cette belle matérialité et j'embrasse là-dessus assez large, du simple livre de littérature à ces ouvrages à la Skira qui savent trouver le rythme entre texte et image. Il reste que l'essentiel pour moi commence souvent quand la matérialité s'efface et que le texte fait oublier la substance sur laquelle on l'a déposé. L'écrin est ouvert, l'inertie qu'on pourrait reprocher au livre au nom de la radio, du cinéma, de la télé, du disque compact ou de l'autoroute informatique, cette immobilité qui n'exige qu'un peu de lumière me laisse seul dans la conversation des autres qui s'appellent Homère, Bioy Casares ou Ouellet.

On ne parle plus de la même chose — de la littérature. L'écran ? Sans doute... Mais la page, nue, et moi, pas loin d'être nu devant elle.

*   *   *

Je rapporte d'un voyage récent une fort belle image (et une photo ratée) d'un ruisseau se jetant dans la mer. Les vaguelettes avaient l'apparence d'écailles de poisson, au point que je me suis demandé si la nature s'accomplit dans des liens de cause à effet. Une amie joaillière, frappée aussi par la beauté éloquente du lieu, a suggéré que les poissons aient tiré leçon de l'hydrodynamique *naturelle*. Comment pourrait-on mieux se déplacer dans l'eau qu'en empruntant à l'eau même son agencement de forme ? Puis elle s'est mise à rire, amusée de ce que je me sentais plutôt intelligent de jeter la cause et l'effet sur le lieu désigné de l'hébétude, la plage. (On a parfois de ces amis...)

Car je n'allais pas m'arrêter en si bon chemin ! Je me demande toujours à quoi sert la littérature[2]. Parfois il me semble qu'elle jette du sens dans le monde et que cela est nécessaire à la bête pascalienne. J'ai donc risqué à mon tour une hypothèse sur le mode de la cause et de l'effet : si la stylistique (dont la littérature se rappelle parfois l'usage) était une réponse langagière à un fonctionnement que nous percevons dans le cosmos ? Peut-être la physique ou la zoologie ont-elles déjà confirmé l'hypothèse de ma copine-aux-cabochons[3], peut-être y a-t-il dans l'aléatoire des vagues, des marées, de la nappe d'eau qu'un ruisseau jette sur une grève de sable, dernier pique-nique avant la mer, peut-être y a-t-il une récurrence qui assure la cohérence cosmique ? Ce que je sais, c'est que la métonymie jette un pont, trace un lien de contiguïté entre deux objets distincts mais voisins — ici l'eau et le poisson. Il y a eu une époque où j'aurais été effrayé à l'idée que le langage

---

2. Pas plus qu'un éditeur, un professeur n'a d'autre choix que de se poser constamment la question. Elle peut surgir de la classe à tout moment. Nous vivons dans le régime de l'utilitaire et nous voudrions qu'à l'école les étudiants soient déjà en situation de travail, d'exercice professionnel. De quoi ai-je l'air quand je suggère aux miens que nous sommes aussi en classe de littérature pour notre bonheur ? L'univers technocratique que nous achevons de construire a de ces rigueurs...

3. Ce que je souhaite, pour la raison même que je cherche du sens partout, y compris dans la réflexologie !

puisse épouser une forme suggérée par la nature[4] ; j'incline maintenant à la cohésion que propose le lien métonymique.

L'une des fonctions de la littérature narrative me semble donc de dégager du sens et de l'organiser sur le mode de l'invention de circonstances. J'ai à ce propos un exemple tout fait. Dans *Le vent sombre*[5], Tony Hillerman jette l'enquêteur Jim Chee sur une piste, au sens premier du terme. On s'attend évidemment à ce que Chee, un Navajo, tire derechef d'une marque de pneu dans le sable des indices qui vont lui permettre d'établir que le conducteur souffre de diabète, a été orphelin en bas âge et qu'il a omis de se raser ce matin-là. Les choses se passent autrement : toute trace demeure muette si on ne sait pas la lire. Chee puise donc dans son bac en anthropologie et l'enseignement d'un sage (pas la sagesse qui dit « Hugh ! » et qui vend des cigares) ce qui lui permet de remonter lentement la piste — on n'est pas Sherlock Holmes, on compose avec une administration tatillonne.

Je l'aime bien, Chee, accroupi sur le sable, incapable de faire spontanément l'Indien. Il est la métaphore du roman policier si l'on pense comme moi qu'il s'agit là d'un avatar symbolique de la chasse : à force d'*exercices de lecture*, le bon chasseur reconnaît à la trace de sabot le cerf à qui il a affaire ; Sherlock vous établit la carte du ciel de son client en

---

4. Je redoutais le déterminisme comme la peste. Aussi étais-je à la fois apeuré et pantois d'admiration devant la coïncidence qui existe entre le développement des superpositions polyphoniques (évolution historique de l'accord en Occident) et la chaîne des harmoniques *naturelles* qui dessine successivement l'octave, l'accord parfait majeur, l'accord de septième de dominante, etc.

5. Tony Hillerman, *Le vent sombre,* Paris, Rivages, collection « Rivages/ noir », n° 16, 1987. Si celui à qui j'ai prêté mon exemplaire (annoté, nom de nom) pouvait me le rapporter, je lui en serais reconnaissant !

examinant ses chaussures (boue du Yorkshire, léger boitille-
ment consécutif à une maladie contractée au Pañjâb, etc.) ; le
bon roman policier jette négligemment des indices sur lesquels les lecteurs se précipitent. La métaphore de Hillerman va
peut-être plus loin : l'écrivain ne serait-il pas celui qui cherche
à lire l'univers et à en jeter patiemment les indices dans son
œuvre de langage ?

Je ne désire pas pour autant une thèse dans le texte que je
lis. Il y a seulement que ma vie manque de sens. Non mais, je
me lève chaque matin, déjeune d'un menu identique, recon-
duis les enfants à l'école et à la garderie, je me rends au cégep,
reprends devant un groupe l'explication de la veille (blagues y
compris) pour peu qu'elle ait alors eu quelque succès. Le soir,
je découds ma journée avec la même régularité, m'offrant de
temps à autre, en sus de la correction et de la préparation des
cours, l'illusion d'éditer des livres. Des horloges balisent mon
parcours et me disent ce qu'il convient de faire à tel et tel
moment — même prendre un café. La vie audacieuse et palpi-
tante que voilà ! Je me contenterais du sens que propose un
chèque de paie (j'ai des enfants, une passion à nourrir, etc.) ?
J'ai besoin de la littérature, de cet art de la condensation et de
l'élimination[6], de sa capacité à prêter sens à toute action. Je me
lève donc chaque matin (*bis*) et le plus clair du temps je ne
comprends rien. Ma vie est pleine de vides, je pousse la complaisance jusqu'à continuer de laver la vaisselle, alors que je
pourrais confier cette mission exaltante à une machine. Je lis
donc des romans où on ne lave pas la vaisselle. Bonheur ! Je
lis des nouvelles de Carver où on lave la vaisselle et cela a un
poids énorme, accablant !

---

6. Et pour éliminer l'inutile, avec la nouvelle je suis servi !

La nouvelle me plaît sans doute parce qu'elle me ressemble, et vice versa, comme le poisson à l'eau. Elle compose une figure de l'ordinaire, elle a des égards pour ce qui, comme elle, comme moi, est petit. Elle ne fait pas la fine bouche devant le sujet à traiter. Elle sait extraire de l'eau d'une pierre et cela rejaillit sur moi, sur ma vie, sur ce que je suis capable de dire du matin, du rêve au-dessus d'un renvoi d'eau parce que Cortázar a écrit « Là mais où, comment[7] ».

Si ce n'était que le sens ! La photo ratée, je l'ai faite au nom du désir de garder avec précision le rapport pour moi inédit du brun et du bleu, du sable et de l'eau. Imaginons dans ce ruisseau une image du temps qui s'écoule. Le plus important était moins le temps — mes excuses à Kronos — que son image, le jeu des formes mouvantes, les empreintes digitales laissées sur le bord de mer par la marée baissante, les écailles d'un poisson.

L'univers a la bonté de m'admettre en son sein. La littérature jette sur ma route le Palomar de Calvino. Elle me permet de parfois m'y retrouver.

---

7. Julio Cortázar, *Octaèdre*, Paris, Gallimard, 1976. Merci à ceux qui ne m'ont pas emprunté ce livre.

LES LIVRES DE RECETTES

Au gré des circonstances, il m'arrive d'exhumer des frissons de lecture intacts, de retrouver des bonheurs enfouis, restés vivants à mon insu. Ainsi, m'étant lancé à voix haute dans *L'île au trésor* de Robert Louis Stevenson, à l'heure du conte, je suis replongé à l'âge où, pour la première fois — je devais avoir dix ans —, j'ai *entendu* le sinistre Pew approcher de l'auberge du petit Jim Hawkins, battant erratiquement, avec sa canne, la mesure sur les pavés. La douce frayeur de mes dix ans m'était redonnée au moment même où mes enfants faisaient sa connaissance. On imagine mon excitation devant cette simultanéité, mon plaisir frémissant devant la rondeur si palpable du souvenir qui émerge.

Maupassant, dont je devais lire avec un effroi plus profond la nouvelle « Le Horla » deux ans plus tard, était appelé à inaugurer, quand j'aurais atteint le cégep, une nouvelle ère de lecture dont je suis encore tributaire. L'usage, au cours collégial, voulait que certains d'entre nous présentent une pièce de théâtre au terme de la session. L'amitié commandait que l'on assiste aux représentations. En me rendant au centre culturel j'avais fait un détour par la librairie et m'étais procuré le recueil *Le Horla*. Le trajet en autobus — où, encore, je ne peux me sentir à l'aise que muni d'un livre, sorte de viatique pour moi indissociable des transports — n'avait pas duré assez longtemps pour me permettre de compléter la lecture de la nouvelle éponyme. Aussi, une fois dans la salle, m'étais-je assis au bout d'une rangée et, profitant de l'infime lumière encastrée dans le plancher pour guider placiers et retardataires dans l'obscurité sacrée de l'amphithéâtre, j'avais pu terminer, contorsionniste de hasard, le livre à mes pieds, une nouvelle devenue, de ce fait, initiatrice.

La suite de cette anecdote est prévisible : je me suis précipité, sans contorsion, dans les textes brefs de Maupassant. Je le tenais pour un grand écrivain. J'ai appris, plus tard, quand on l'a enfin admis dans La Pléiade, qu'on lui faisait ainsi la faveur de l'extraire du purgatoire où il expiait de bien sombres péchés : lui à qui on se réfère universellement quand il est question de nouvelles, n'a commis que d'assez médiocres romans, hormis ce *Pierre et Jean* dont on se contente le plus souvent à vrai dire de trimballer la préface ; de surcroît, il avait été classé, en raison de sa coupable popularité, au rayon de la littérature de gare de ce bon monsieur Hachette. Comme quoi je n'établis pas forcément la supériorité de la critique sur les lecteurs, je n'oublie pas que nous souscrivons, critiques et éditeurs, à des rites, à une certaine liturgie.

Il y avait donc deux littératures et je découvrais que, mon ignorance et ma naïveté me servant de guides, je lisais avec un certain plaisir des auteurs et des genres déclassés, associés à la nouvelle. (Je me souciais davantage, en bout de ligne, de la nouvelle que des auteurs ou des « genres » qui avaient alors ma faveur, anticipation, insolite, humour et fantastique.)

La révolution culturelle au faisceau de Soixante-Huit et de la réforme Parent aidant, il s'est alors trouvé plein de gens pour dénoncer cette coupure, cette fission, et pour donner de la noblesse au versant négligé et populaire des lettres. L'université allait donc admettre quantité de projets d'études sur les paralittératures et regarder de plus près les recettes dont on avait coutume de dire que l'*autre* littérature, l'illégitime, procédait servilement. La question n'était pas idiote : s'il est possible d'harlequiner en suivant méticuleusement la recette *made in Toronto*, ne pourrait-on vérifier si Proust n'a pas en définitive agi de la même manière ?

On sait l'intérêt que portait Proust au pastiche, au point d'y voir, en homme de son temps, une école d'écriture. Le postulat est simple, connu : si vous pouvez imiter correctement Balzac, au point de tromper les balzaciens, c'est que vous avez saisi les manières de l'ours. Ne restait plus à Proust qu'à découvrir Marcel et à le jeter, *retrouvé*, dans l'univers de la *Recherche*. (C'est banal et on s'étonne qu'il n'y ait pas un Proust à chaque coin de rue...) De la question de tout à l'heure (Proust ne s'adonnerait-il pas à une recette au même titre que les auteurs de romans en série ?), on escompte dès lors une réponse affirmative. C'est formidable, on a tout aplani, tout ramené au dénominateur commun — dieu ce que l'on est de son siècle ! On a déboulonné au passage une figure tutélaire, il n'y a plus d'ombre dans le jardin, enfin on y voit clair. Formidable. On n'a rien dit de la prévisibilité des uns et de la spiritualité de l'autre. Rien dit de l'entreprise stylistique proustienne, au nom de l'efficacité (j'allais dire : du fonctionnalisme) de l'écriture industrielle. Rien dit du *côté*, qui apparaît deux fois dans les titres, à la source de puissants tourbillons intimes chez plusieurs générations de lecteurs pour qui l'intrigue de la *Recherche* n'offre pourtant qu'un intérêt bien relatif. Rien dit de l'usage que fait Proust de la synesthésie et de ce que peuvent en retirer ses lecteurs. Les vessies et les lanternes, quelle belle salade en somme !

Il y avait donc deux littératures (*bis*) et j'étais seul... Je me retrouvais pris — et le suis toujours — dans le dilemme dont il résulte que je me hérisse quand on méprise le polar (que j'enseigne avec le plus grand sérieux et le plus grand plaisir) et hurle quand au nom du polar on condamne la littérature, alors dite « savante ».

J'étais si bien quand il n'y avait que la littérature...

* * *

Il y a eu une époque où je me suis adonné avec délectation à la paralittérature ; mes goûts actuels s'accommodent d'autre chose — je donne ici préséance au lecteur sur l'éditeur, capable de publier dans un spectre plus large que celui de ses goûts personnels ; je ne présume pas de demain. Je redoute la déification des auteurs populaires sous le seul prétexte qu'ils sont populaires. Pour cela on arriverait à me faire détester Maupassant — pour qui, je le confesse, je n'éprouve plus la passion de mes dix-huit ans. Je me méfie de ceux qui m'ordonnent d'aimer Stephen King. Je suis atterré par cette culture de marché suivant laquelle tel type d'ouvrage ne peut être lu, commenté, publié à l'aube de l'été. Je suis anéanti par cette association stricte entre lecture et détente.

Il est évident — même pour moi ! — que cette hantise procède en partie d'un calcul d'intérêt qui n'est pas le fait du lecteur mais de l'éditeur. Celui-ci s'est emparé de l'âme de celui-là. L'exercice professionnel de ce Méphisto de cinq sous est soumis aux règles du marché et il souffre de ne pas les comprendre, de ne pas vouloir céder à ce qu'il en comprend et de ne pas réussir pleinement ses actions commerciales quand il lui vient l'idée d'en tenter. L'éditeur de L'instant même a publié des titres en sachant qu'il n'arriverait pas à les vendre et il s'est néanmoins mouillé afin de soutenir un auteur dans une phase critique de son œuvre (le début de la carrière ; la fin d'une phase dans le processus de création[1]) ou tout simplement parce qu'il estimait de sa responsabilité que telle pièce apparût dans les annales de nos lettres, qu'elle y fût inscrite à jamais par le fait de sa publication. J'affirme, avec un zeste de superbe dans la voix, que l'éditeur remplit une mission historique et politique : historique, en faisant exister ce qui sera un jour millésimé et contribuera *a posteriori* à l'intelligence, au sens plein, de notre époque ; politique, en cherchant par le moyen de contacts et d'initiatives à sortir le Québec de sa frousse culturelle congénitale[2]. L'éditeur de L'instant même ne peut toutefois souscrire continuellement à pareils principes : quel mérite y a-t-il à ne pas parvenir à diffuser une œuvre, à ne faire connaître à un livre que le désopilant va-et-vient de l'imprimerie à la librairie à l'entrepôt où il réquièmera dans la paix et la poussière ? quelle sainteté y aurait-il à s'offrir en holocauste sur le bûcher des magnifiques invendables ?

* * *

On peut aimer Scarlatti sans mépriser ceux qui ne l'aiment ou ne le connaissent pas. On peut se sentir chez soi avec Héraclite plus qu'avec Mme Popcorn. Pareillement je ne m'impose pas le cilice du fait que je préfère Puccini à Wagner. Je suis seulement amer de voir que l'honnête et nécessaire réhabilitation des arts populaires a en conduit certains à déconsidérer tout un champ de la pratique artistique moins susceptible de

---

1. Un gestionnaire dirait qu'il s'agit là d'un investissement à long terme.
2. J'ai plus tôt expliqué que nous publions des auteurs étrangers pour le bénéfice à la fois de nos auteurs et du lectorat d'ici, et précisément parce qu'ils sont étrangers, différents, qu'ils apportent au sein d'un même catalogue une dimension polyphonique. Il se dessine ainsi, croyons-nous, une largeur de perspective qui ressemble à un appel d'air pour la conscience de ceux qui lisent ou qui écrivent.

plaire spontanément au Grand Public — et d'autant moins susceptible d'y parvenir qu'on ne présente pas ces œuvres, sous prétexte qu'elles sont exigeantes. Ou que c'est l'été...

Pourquoi parler de tout cela avec amertume ? Parce qu'on relègue certains auteurs loin des tribunes populaires. Parce que, éditeur, j'ai si souvent échoué en essayant de faire jouer le relais médiatique, écopant de questions du type « C'est un succès ? » à propos du livre qui sera en librairie mardi prochain et n'arrivant pas à bluffer. Parce que, citoyen, je me vois refuser par la télé, la radio, les journaux, un certain type d'émissions, de chroniques sous prétexte que j'aurais des goûts élitistes[3]. Pour les mêmes raisons, affichées comme hautement démocratiques, on cultive généralement, et pas que dans les médias, une grande paresse syntaxique et on en fait une vertu[4]. On récuse telle œuvre au nom de la primauté, pardonnez la tautologie, du *premier niveau*, seul accessible, c'est bien connu — pour cela rien de tel que le « vécu d'un intervenant »... S'il fallait qu'un livre ait une dimension connotative en sus de sa surface dénotative... Que l'univers signifie au delà de son apparence...

J'ai parfois peur pour la fiction — ce que racontent un roman ou une nouvelle, ce n'est tout de même pas vrai... Peur pour la langue quand on me fait valoir qu'elle sera simplette ou ne sera pas. Je veux habiter toute la littérature, sans diktat, toute la langue. La phrase monochrome me redeviendra douce si on n'en fait pas la frontière ultime du langage.

Sinon quel intérêt peut présenter la nouvelle ?

------

3. Mes goûts seraient donc hors du champ social et je n'aurais pas le droit de chercher à les satisfaire ?
4. Comme si la justesse était inaudible, comme si une double subordonnée était illisible ! Comme si appeler les choses par leur nom, revêtir la phrase de beaux atours étaient séditieux !

LA MORT DU LIVRE AVANT
D'AVOIR TUÉ L'OURS

L'ère Gutenberg tire-t-elle à sa fin ?

L'ère des prophéties, en tout cas, se porte bien : les prédictions funestes à propos du livre, dès qu'apparaît un nouveau moyen de communication, tissent une histoire parallèle de l'édition de notre siècle. Nous vivons, éditeurs et libraires, depuis si longtemps dans l'alarme que cela est presque devenu une seconde nature. Le demi-millénaire qui nous sépare de Gutenberg raconte la mainmise de l'écrit et le recul de la civilisation orale, parfois jusqu'au discrédit et à l'oubli. Ce ne serait en somme que justice si le livre était assigné au tribunal de la civilisation.

Nous avons un temps développé le sentiment que la radio, le cinéma et la télé nous avaient été jetés dans les pattes. Des appareils sont advenus qui parlaient, montraient, et à la multitude. Chaque fois, le livre a survécu sinon prospéré. La radio, pour laquelle je conserve une affection particulière, a ouvert un monde de la parole sans qu'il faille pour cela fermer celui du livre ; le cinéma et le roman se sont dotés de liens symbiotiques sans cesse renouvelés[1] ; la télé jetait dans le salon une

1. Jean-Marcel Paquette faisait remarquer que « près de 85 % de la production cinématographique mondiale pour 1984 était, d'une façon ou d'une

rafale de sujets que le livre prétendait pouvoir traiter en profondeur. C'est parce que j'ai vu, un soir de canicule et d'asthénie adolescente, un court métrage italien que j'ai ensuite lu Buzzati dans l'espoir de retrouver le texte derrière l'image[2]. Le livre avait à se battre contre la simultanéité des mass media mais on arrivait assez bien à inscrire le relais de ceux-ci à celui-là, à magnifier le silence qui permet, dans un livre, le dialogue privilégié, individuel et réitéré à loisir avec Balzac ou Hérodote. En soi, le livre ne montre rien et il n'a pas la voix de Vincent Davy ; ce que je vois, je me le montre, je fais naître des images et des sons — au point qu'un petit garçon, qui venait de voir les premiers films tirés des *Aventures de Tintin*, avait expliqué sa déception en disant du capitaine Haddock qu'il n'avait pas la bonne voix.

Tonton Sartre avait d'ailleurs un postulat sur la question : un livre n'existe pas du seul fait de son écriture, il a besoin du processus actif de la lecture. Le livre m'appelle en lui et je ne le parcours jamais qu'à mon rythme, à mon humeur. Il m'arrive de le tutoyer, de le rudoyer, l'insulter, de jouer de la marge en y inscrivant mon déni, « Tu es dans les patates ! », ou en cherchant à allonger la piste, « Tu aurais dû ajouter ceci ! », ou en m'écriant d'admiration, « Comment arrives-tu à dire en une phrase ce que je mettrais des pages à formuler ? » On pourrait dire aujourd'hui du livre qu'il est interactif pour peu qu'on y plonge avec un crayon.

---

autre, issue de livres imprimés, romans de toutes catégories, contes, nouvelles, biographies ou récits historiques. » (« Un amour passion », dans *Arts et littérature*, Université Laval, Nuit blanche éditeur, 1987, p. 93.) Depuis ce temps on a vu naître le processus inverse de la *novellisation* de scénarios d'abord portés à l'écran. Le lien symbiotique demeure.

2.   Si jamais il y eut un texte sous ce film muet qui montrait comment se servir de cabines téléphoniques comme de pièges.

Le livre a survécu à son assassinat et je me suis souvent rasséréné en me disant que si les commerçants que sont les éditeurs et les libraires ont des motifs raisonnables de crainte, il restera toujours des écrivains pour se lancer dans l'entreprise d'ajouter quelques phrases à « Longtemps, je me suis couché de bonne heure », toujours des lecteurs pour les y suivre. De surcroît le travail en librairie m'a fait adhérer au cercle des fétichistes pour qui l'odeur de l'imprimé, la vue d'une belle reliure, le mariage du dos du livre et de la paume de la main[3], la douceur du pelliculage, la beauté géométrique de l'oblong sont déjà des joies. Surtout, j'en suis venu à quasiment dissocier le livre et la communication : lecteur de fiction pour l'essentiel, je me soucie assez peu du rapport entre le livre et l'immédiat, du message, du savoir qu'il devrait me transmettre ; je me satisfais d'une belle histoire dans de belles phrases, je lis pour être sous le choc d'une métaphore.

Aux yeux de plusieurs, la révolution informatique, que je tiens pour aussi cruciale que la révolution industrielle, modifie la donne en ceci que l'écrit peut désormais entrer dans toutes les maisons branchées sur l'autoroute informatique, et avec combien d'avantages. Imaginez : les mots apparaissent sur un écran, baignés de l'aura de technicité, et il vous est loisible de les imprimer et de ne conserver que le segment de texte qui vous intéresse. On m'avait conseillé de lire Zola en omettant les descriptions, si longues ; je n'aurais donc plus qu'à expurger ce qui déborde de la trame narrative, à loger le résidu dans une disquette et à le faire apparaître sur du papier. Vous cherchez les passages croustillants dans *La faute de l'abbé Mouret* ? Rien de plus facile : vous commandez à votre ordinateur une

---

3.   Ça devient sérieux... !

recherche qui mette à contribution votre vaste vocabulaire sur la question et le tour est joué.

En lisant Zola, j'ai vite renoncé à me jouer le tour d'omettre les descriptions, parce que c'est là au contraire que, lecteur pourtant passionné des *Fantômas* et autres romans d'aventure, je trouvais mon plus grand plaisir. Réduire Zola à une trame narrative, souvent assez médiocre, c'était refuser Zola, refuser un des grands bonheurs de lecture, celui de la phrase qui s'installe dans les grands braquets, de la partition qui s'enfle dans le registre symphonique.

Je n'ai pas l'air inquiet, mais je le suis. Le livre entre dans l'ère du *virtuel* et nous ne savons pas comment il en sortira ou même s'il en sortira. La révolution informatique n'affecte pas que le support et j'ai sans doute tort de réduire ici la littérature au livre. Elle crée une frénésie contre laquelle le fétichisme plus haut décrit a l'air d'une perversion pour cacochymes. Désormais nous naviguons, nous furetons, nous entrons dans le fouillis du cyberespace, nous tressons des fibres optiques, nous pressons sur des touches[4] et hop ! il apparaît des couleurs, des images, des enluminures en sus de textes frais comme le beurre.

Non, la révolution informatique ne vient pas seule. J'entends constamment qu'il s'agit en définitive de se doter d'une quincaillerie efficace. Comme tous ceux qui ont résisté à la chose, j'y ai par la suite adhéré avec la ferveur du converti. Merveille pour l'éditeur que de faire transiter des disquettes et de songer à s'installer en réseau avec l'amont et l'aval de la chaîne du livre ! Désastre pourtant que la disparition des *petits*

---

4. Ce nouveau fétichisme n'est pas dépourvu d'assises : n'avons-nous pas fait de la touche-qu'il-suffit-de-presser une icône de la puissance tant dans l'espace domestique (pensons à la domotique) que dans le fantasme de domination guerrière ?

métiers, celui des typographes, au premier chef, ces gardiens de l'état second de la grammaire, celle par laquelle on coupait correctement les mots et ménageait des espaces fines d'une précision qui confinait à la beauté. Je mesure sur moi-même la décroissance de mes exigences pour ce qui est de la facture des livres — je ne parle ici que de ce qui concerne l'espace de la page. Je suis pareillement sidéré par l'effet d'entraînement que cette dégradation entraîne : on commence par ne plus se soucier du code typographique et c'est bientôt la grammaire elle-même qui s'en va à vau-l'eau, y compris chez les éditeurs qu'on avait pris pour modèles.

Nous vivons avec des fournisseurs engagés par la force des choses dans une véritable course à l'armement dont il devait ressortir des coûts de production moins élevés. Au contraire, cette inflation technique a un coût que l'on peut vérifier aisément dans le prix des livres soumis à une hausse plus importante que l'indice global des biens de consommation. Le prix des livres monte, celui des produits connexes à l'informatique est réputé baisser à une vitesse telle que vous seriez en droit d'exiger une ristourne entre le moment où le vendeur vous indique le montant de ce que vous achetez et celui où vous l'inscrivez sur un chèque ! Suivant cette logique, arrivera-t-il un jour où le livre sera plus cher qu'un ordinateur ?

Par ailleurs, on a avancé que la crise économique du début des années quatre-vingt résultait notamment d'inventaires obèses. La quincaillerie s'est mise de la partie dans la gestion des stocks. On attendait la crise suivante de pied ferme, elle n'avait qu'à bien se tenir. Elle s'est visiblement fort bien tenue... Il n'empêche que la gestion empirique est en voie de disparition dans les magasins de détail. Toute entrée ou sortie des bouquins dans une librairie est assortie de mentions afférentes dans le système informatique, ce qui assainit la gestion et permet d'établir des ratios de roulement de stocks. Fort bien, je serais encore libraire que je ne procéderais pas autrement. On constate cependant à l'usage que si un client se présente au comptoir et demande tel titre, le premier réflexe du personnel est d'interroger l'ordinateur alors que les *libraires d'autrefois* mémorisaient l'emplacement des livres et y amenaient le client. Un tel réflexe ne met pas le livre en péril, mais le titre qui n'a pas été porté par la machine médiatique, qui plaide lui-même par sa quatrième de couverture, par sa facture, qui n'a que lui et, éventuellement, qu'un libraire pour plaider, ce titre est menacé. Le recueil de nouvelles appartient presque toujours à cette catégorie.

Ces nouvelles préoccupations gestionnaires dans les lieux de vente ont un effet déterminant sur la production éditoriale. Le livre et le disque ont ceci de particulier que les commerçants les reçoivent sans les avoir commandés et peuvent les retourner à l'intérieur d'un certain délai (qui varie de six mois à un an, selon le distributeur). Or la tendance actuelle dans les grands réseaux de librairies est de réduire à six semaines le temps de mise en vente d'un titre. Au delà de cette période (trop courte pour la plupart des titres, du fait de la capacité des médias à ne parler aussi rapidement que d'un nombre restreint d'entre eux), si le nombre d'exemplaires initialement reçus n'a pas été écoulé, on retourne le tout. Il reste que le titre en question a voyagé trois fois et que cela coûte cher : de l'imprimerie chez le distributeur, de la maison de distribution jusqu'en librairie et vice versa. Combien de temps les gestionnaires toléreront-ils ce va-et-vient stérile ? Se mettra-t-on à l'heure américaine où les éditeurs annoncent un an à l'avance leurs intentions éditoriales pour savoir, sur la foi des commandes anticipées, s'ils publieront tel et tel titres ? La politique éditoriale sera-t-elle en définitive déterminée par les points de distribution et de vente ?

Ceux qui tiennent l'écriture comme un acte souverain se cantonnent dans une position romantique. Bien sûr, la volonté littéraire existe toujours et avec la même force, la même virulence, la même gratuité qu'à l'époque de Victor Hugo. Je le sais, je l'ai rencontrée, je la rencontre constamment, y compris chez ceux qui ne seront pas publiés. Je crains toutefois que ceux-ci soient de plus en plus nombreux si nous confions à la gestion des stocks le soin de la politique éditoriale. Je frémis quand je vois que l'on remplace le mot *écrire* par *rédiger* et que le programme collégial cautionne ce glissement qui conduit tout droit au procès-verbal et au rapport ; je frémis quand je nous entends, éditeurs, parler de *produits* plutôt que de *livres*, mesurer la beauté d'un livre, sa pertinence, à son succès, à sa présence dans les listes de best-sellers ; je frémis quand je pense au système américain[5] de distribution des livres ; je frémis quand un journaliste à qui je parle d'un bouquin me demande derechef comment il se comporte en librairie, sans chercher à savoir de quoi il retourne de son contenu.

Il faut aussi savoir qu'à la fin des années quatre-vingt, quatre livres sur cinq à paraître en France étaient le fruit d'une commande. Cela n'effraie pas un éditeur à qui il est arrivé de faire de même et y a pris beaucoup de plaisir ; il devrait en être autrement des auteurs qui estiment, et il faut avoir une sacrée modestie pour penser autrement, leur travail unique, original et essentiel. L'éditeur ne commande le plus souvent que sur la foi d'études de marché, ce qui là aussi tend à inverser le circuit qui mène de l'intuition, de l'idée au... produit monnayable dans un magasin.

---

5. On se demande un peu pourquoi l'auteur est inquiet... La culture québécoise doit si peu à la culture étasunienne...

*　*　*

La rationalisation de la gestion des stocks est nécessaire à la survie du commerce d'un bien culturel ne tenant pas, actuellement, le haut du pavé. Elle amène souvent les libraires à privilégier les cycles courts, à sauter dans l'impulsion de la nouveauté, à ne plus considérer la patience autrement que comme une déviance. Les livres qui adhèrent au fonds d'une librairie ne sont pas légion quand la notion de fonds est redevable de la rapidité avec laquelle un titre a trouvé son lectorat. Dans un tel contexte, les auteurs de fonds s'y retrouvent sur la foi d'un critère commercial, dont on se contentera d'autant plus aisément que la bienséance politique interdit de parler de qualité, critère éminemment subjectif.

Pour avoir droit de résidence sur les étagères des librairies, un auteur doit donc avoir prouvé qu'il se trouve des lecteurs à vouloir de lui. En soi, ce n'est pas répréhensible et il vient sans cesse à l'éditeur l'idée d'appliquer le même critère comptable. Qu'arrive-t-il quand il aime une œuvre et qu'il découvre que personne ou à peu près ne partage son amour ? Les goûts ne sont pas à discuter, mais il leur arrive d'être très coûteux et de provoquer des remises en question douloureuses — l'éditeur n'ayant certainement pas pour mission de se complaire dans l'*erreur*. Il faut, à l'instar de l'auteur, être doté d'une foi de tous les instants, se dire qu'un jour on ne pourra plus ignorer le talent hors du commun qu'on ne décèle pas bien précisément parce qu'il est hors du commun.

Il se dit aussi que l'addition d'un nouveau titre permettra de relancer les livres anciens de l'auteur. Ou que les ventes des titres d'un même écrivain sont appelées à croître. Sous ce rapport, le cas spécifique de la nouvelle me semble alarmant. Quelques nouvellistes nous confient livre après livre sans qu'il y ait bonification commerciale réelle. Comme si à chaque recueil tout était à recommencer. Serge Théroux[6], devant qui je m'interrogeais, émettait l'opinion suivante : les lecteurs sont désireux de connaître ce qu'un romancier aimé d'eux a bien pu faire cette fois ; dans le cas de la nouvelle, ils auraient l'impression qu'un nouveau recueil ne fait qu'ajouter de nouveaux textes à tous ceux qu'ils ont déjà lus. Comme si le souvenir que laisse un recueil était moins prégnant que dans le cas du roman — ce qui me paraît très sensé —, périssable du fait de la multitude de pièces qui le composent.

Si la lecture que propose Serge Théroux de la situation de la nouvelle est juste, il ne reste plus à l'éditeur qu'à faire oublier qu'il s'agit de nouvelles quand il en publie, qu'à subordonner l'œuvre et le genre à l'auteur et aux ressources du marketing. L'exemple d'activités culturelles qui ont ainsi inversé la polarisation me laisse toutefois sceptique. On a parfois l'impression, quand on visite un musée des beaux-arts, que l'œuvre l'a cédé au souci de ne pas effrayer le public — comme si la peinture et la sculpture pouvaient effrayer.

On souligne périodiquement un engouement pour la nouvelle, engouement bien relatif qui ne se traduit jamais par des résultats commerciaux durables. Qu'on la soumette à la loi des gestionnaires et elle disparaîtra des librairies. Je ne crois pas que la littérature y gagnerait. Je ne crois pas que l'intelligence de notre monde y gagnerait.

---

6. Directeur général de Diffusion Dimedia, la société qui met les livres de L'instant même en distribution, et éditeur des 400 Coups.

LES MAUVAISES INTENTIONS

J'aurais dû prévenir chacun des mauvaises intentions qui ont présidé à l'écriture de ce livre. Faute d'avoir prévenu, je *postviens* donc.

Je me suis un jour retiré du champ de la critique et de la chronique (que j'avais exercées à *Lettres québécoises*, à *Nuit blanche* et à l'émission *Book Club* de Radio-Canada) pour la raison que je ne voulais pas me placer dans la position de devoir commenter le travail des écrivains associés à L'instant même ni laisser croire à un auteur, sur la foi d'un avis favorable, que c'était une façon de l'attirer dans nos rets. Voyez comme je comprends votre œuvre, voyez comme il serait agréable de travailler ensemble.

Je me suis donc retiré dans mes terres. Là (ici !) je peux afficher mon parti pris, ma gratitude pour ceux qui présidé à la naissance de L'instant même et qui y ont été associés, mon affection pour ces auteurs qui justifient par leur talent le travail considérable[1] que nous leur consacrons. Le goût de parler de

---

1. Je perds toute pudeur, toute retenue : sur un petit marché comme le nôtre, ce qui est exigé pour que vive un genre dévalué est disproportionné au rendement que toute personne sensée attend de son travail. La passion de la littérature et des livres ne trouve pas son expression idoine dans ce qui

littérature m'est revenu, et de nos auteurs en particulier, autrement que par la quatrième de couverture, le prière d'insérer et des rubriques de catalogue.

Le titre initial de ce bouquin était *Juge et partie* ; de cela il reste bien peu, pas même un titre de chapitre — mais la confession finale de partialité, du devoir baudelairien de partialité. Je prêche pour mon clocher, mais je me fais l'effet de ne plus aller à la messe, considérant que je n'ai plus écrit de nouvelles depuis si longtemps, que je n'ai plus souscrit depuis trop longtemps à l'expérience intérieure du genre. Dix ans d'édition de la nouvelle m'auront convaincu de la nécessité d'agir sur le terrain[2], sur la place publique où les livres se rendent et se vendent, m'auront éloigné du silence abbatial d'écrire.

À l'origine je voulais ici embrasser à la fois la poétique du genre et les conditions objectives de son existence. Presque cinq ans ont passé qui ont creusé l'écart entre le rêve et la réalité. J'ai sans doute suffisamment parlé de *la loi du marché* pour que chacun comprenne que je clos cet essai dans l'alarme : si on n'y prend garde, on tuera la littérature en l'assujettissant au goût du jour. On n'assassinera pas Rimbaud ; on ne lui permettra même pas d'advenir. La nouvelle, çà et là jugée « trop littéraire » et donc impropre à la consommation, se retrouve sur la ligne de front contre les forces de l'oubli. Abandonnons-la et c'est une part de la littérature qui s'estompera. Le reste suivra.

Pour l'heure, nous vivons de notre rêve.

---

constitue les travaux et les jours de l'éditeur : mise en marché, gestion financière, conciliations bancaires, jongleries de calendrier, demandes de subventions et autres infaillibles recettes de canitie.

2.   Ce sera ma dernière métaphore filée...

NOTICE BIBLIOGRAPHIQUE

Des parties de ce livre ont fait l'objet de conférences ou ont paru dans des revues ou des ouvrages collectifs : *Nuit blanche*, n° 24, juillet-août-septembre 1986, p. 30-34 ; *Le poids des politiques. Livres, lecture et littérature*, Québec, IQRC, 1987, p. 83-103 ; *Rencontres/Encuentros*, Montréal, Sans Nom, 1989, p. 19-21 ; *La littérature et la vie au collégial*, Montréal, Modulo, 1991 ; *Écrits du Canada français*, n° 79, 1993, p. 110-116 ; *Louvain*, n° 47, avril 1994, p. 23-24 ; *Lettres et cultures de langue française*, n° 20, 1er semestre 1994, p. 69-76 ; *La revue des deux mondes*, n° M 2486, juillet-août 1994, p. 78-84 ; *Le genre de la nouvelle dans le monde francophone au tournant du XXIe siècle*, sous la direction de Vincent Engel, Luxembourg, Phi / Frasne, Canevas / Québec, L'instant même, 1995, p. 179-183 ; *Québec français*, n° 101, printemps 1996, p. 66-68.

ACHEVÉ D'IMPRIMER
EN JANVIER 1997
À L'IMPRIMERIE D'ÉDITION MARQUIS
MONTMAGNY, CANADA